BALE ȘI MUCĂTURI: CARTEA ULTIMEI DE CATEGORIE PROSECCO

Crește-ți experiența culinară cu 100 de delicii infuzate cu Prosecco

Justin James

Drepturi de autor Material ©2024

Tot Drepturi Rezervat

Nu parte de acest carte Mai roagă-te folosit sau transmise în orice formă sau oraș orice mijloace fără cel potrivit scris consimțământ de cel editorilor spirit drepturi de autor proprietar, cu exceptia pentru scurt citate folosit în A revizuire. Acest carte ar trebui să Notă roagă-te considerată A substitui pentru medical, legal, sau alte profesional sfat.

CUPRINS

CUPRINS..3
INTRODUCERE..7
MIC dejun & BRUNCH...9
1. Clatite cu Prosecco...10
2. Salată de fructe Prosecco..12
3. Pâine prăjită cu Prosecco..14
4. Parfait cu iaurt Prosecco...16
5. Crepe cu fructe de pădure cu Prosecco..........................18
6. Mic dejun Prosecco Quinoa...21
7. Vafe Prosecco...23
8. Mini stive de clătite cu Prosecco.....................................25
9. Gogoși Prosecco la cuptor..28
10. Pâine Prosecco...31
11. Pâine prăjită cu Prosecco...34
12. Ovăz peste noapte Prosecco..36
13. Cupe cu ouă Prosecco..38
14. Scones cu Prosecco...40
15. Quiche pentru mic dejun cu prosecco........................43
Gustări..45
16. Bruschetta cu reducere de Prosecco............................46
17. Măsline Marinate Prosecco...48
18. Frigarui de creveti Prosecco...50
19. Ciuperci umplute cu branza de capra........................52
20. Ceviche cu Prosecco...54
21. Pere Poșate Prosecco..56
22. Frigarui de fructe Prosecco..58
23. Popcorn Prosecco...60
24. Prosecco Guacamole..62
25. Bruschetta cu Prosecco..64
26. Căpșuni umplute cu Prosecco.....................................66

27. Mușcături de castraveți Prosecco..................68
28. Prosecco Trail Mix..................70
29. Prosecco Energy Bites..................72
FORM PRINCIPAL..................74
30. Risotto cu Prosecco cu Creveți..................75
31. Pui Piccata Prosecco..................77
32. Somon cu seminte prajite si prosecco..................80
33. Paste cu Prosecco Bolognese..................83
34. Risotto cu ciuperci Prosecco..................86
35. Pui cu sos Pomodoro si Prosecco..................89
36. Coaste scurte de vită înăbușită cu Prosecco..................92
37. Pui la gratar marinat cu Prosecco..................95
DESERT..................97
38. Tort cu prosecco..................98
39. Fondue cu brânză Prosecco..................102
40. Prosecco Granita..................104
41. Piersici și Prosecco Pavlova..................106
42. Panna cotta cu șampanie cu fructe de pădure..................108
43. Sorbet cu șampanie cu căpșuni..................111
44. Pate de fructe cu capsuni si prosecco..................113
45. Prosecco Vodka Struguri..................116
46. Miere infuzata cu Prosecco..................118
47. Prosecco roz ursuleț de gumă p..................120
48. Salata de fructe mimoza..................122
49. Macarons cu Prosecco..................124
50. Inghetata Prosecco..................128
51. Salata de fructe Prosecco..................131
52. Tort Mic dejun Merisor -Prosecco..................133
53. Tort clasic cu Prosecco..................136
54. Cupcakes cu Prosecco..................141
55. Tort cu prosecco cu portocale cu sânge..................144
56. Mousse Prosecco..................147
57. Prosecco Cheesecake..................149
58. Rulă de prăjitură cu Prosecco..................152
59. Popsicles cu Prosecco..................155

60. Prosecco Granita..157
61. Piersici și fructe de pădure în Prosecco.................160
62. Pere Poșate Prosecco...162
63. Parfait de fructe de prosecco...............................164
64. Jeleuri de Prosecco și Zmeură..............................166
65. Prosecco și Lemon Posset....................................168
66. Tiramisu Prosecco..170
CONDIMENTE..172
67. Prosecco și salsa de piersici.................................173
68. Jeleu de Prosecco..175
69. Muștar Prosecco...177
70. Unt Prosecco..179
71. Prosecco Lemon Curd..181
72. Prosecco Aioli...184
73. Muștar cu miere Prosecco....................................186
74. Unt de ierburi Prosecco..188
75. Prosecco Salsa Verde...190
COCKTAILURI..192
76. Aperol Spritz..193
77. Mimoza cu prosecco si suc de portocale...............195
78. Hibiscus Spritz...197
79. Catâri de șampanie..199
80. Hugo...201
81. Prosecco Mojito..203
82. Sgroppino...205
83. Prosecco Bellini..207
84. Prosecco Margarita..209
85. Prosecco Ginger Fizz..211
86. Prosecco francez 75...213
87. Punch cu rodie Prosecco......................................215
88. Cocktail Prosecco cu rubin și rozmarin.................217
89. Cocktail de flori de soc Prosecco..........................220
90. Cocktail de grapefruit roz.....................................222
91. Float de sorbet cu ananas Prosecco.....................224
92. Limonadă de zmeură Cocktail..............................226

93. Sorbet de portocale Cocktail..228
94. Elderflower Blood Orange Cocktail.......................................230
95. Prosecco și suc de portocale Cocktail..................................232
96. Fructul pasiunii Cocktail..234
97. Piersici Cocktail Prosecco..236
98. Ananas Cocktail Prosecco..238
99. Sangria cu Prosecco..240
100. Căpșună Cocktail Prosecco...242
CONCLUZIE...244

INTRODUCERE

Bun venit la „BALE ȘI MUCĂTURI: CARTEA ULTIMEI DE CATEGORIE PROSECCO"! În această călătorie culinară, vom explora lumea încântătoare a Prosecco și versatilitatea sa incredibilă în bucătărie. Prosecco, cu bulele sale efervescente și aromele sale vibrante, aduce o notă de eleganță și rafinament fiecărui fel de mâncare pe care îl oferă. De la mic dejun la gustări, feluri principale și chiar condimente, vom dezvălui secretele încorporării Prosecco-ului în rețetele tale preferate, ducând creațiile tale culinare la noi culmi.

În această carte de bucate, veți găsi o colecție de rețete îngrijite cu grijă, care prezintă caracteristicile unice ale Prosecco și evidențiază capacitatea acestuia de a îmbunătăți o gamă largă de arome. Fiecare rețetă este realizată cu precizie, oferind măsurători detaliate ale ingredientelor și instrucțiuni pas cu pas pentru a vă asigura succesul în bucătărie. Indiferent dacă găzduiești o ocazie specială sau pur și simplu vrei să adaugi o notă de strălucire meselor tale de zi cu zi, această carte de bucate te va inspira să explorezi lumea minunată a preparatelor cu infuzie de Prosecco.

Așadar, ia o sticlă de Prosecco preferat, îmbracă-ți șorțul și pregătește-te să pornești într-o aventură culinară care îți va tenta papilele gustative și va impresiona oaspeții. De la cocktail-uri brunch la cine gourmet, posibilitățile sunt nesfârșite când vine vorba de creații cu infuzie de

Prosecco. Să dăm dopul și să ne scufundăm în lumea „BALE ȘI MUCĂTURI: CARTEA ULTIMEI DE CATEGORIE PROSECCO"!

MIC dejun & BRUNCH

1. Clatite cu Prosecco

INGREDIENTE:
- 1 cană de făină universală
- 1 lingura zahar
- 1 lingurita praf de copt
- ¼ lingurita sare
- 1 cană Prosecco
- ¼ cană lapte
- 1 ou
- 2 linguri de unt topit

INSTRUCȚIUNI:
a) Într-un castron mare, amestecați făina, zahărul, praful de copt și sarea.
b) Într-un castron separat, combinați Prosecco, laptele, oul și untul topit. Amesteca bine.
c) Turnați ingredientele umede în ingredientele uscate și amestecați până se omogenizează. Nu amestecați în exces; câteva bulgări sunt în regulă.
d) Se încălzește o tigaie antiaderentă sau o grătar la foc mediu și se unge ușor cu unt sau spray de gătit.
e) Turnați ¼ de cană de aluat în tigaie pentru fiecare clătită.
f) Gatiti pana se formeaza bule la suprafata, apoi intoarceti si gatiti cealalta parte pana devine maro auriu.
g) Serviți clătitele Prosecco cu toppingurile preferate, cum ar fi fructe de pădure proaspete, frișcă sau sirop de arțar.

2. <u>Salată de fructe Prosecco</u>

INGREDIENTE:

- 2 căni de fructe proaspete amestecate (cum ar fi căpșuni, afine, zmeură și piersici feliate)
- ½ cană Prosecco
- 1 lingura miere
- Frunze de mentă proaspătă pentru decor

INSTRUCȚIUNI:

a) Într-un castron mare, combinați fructele proaspete amestecate.
b) Într-un castron separat, amestecați Prosecco și mierea până se combină bine.
c) Se toarnă amestecul de Prosecco peste fructe și se amestecă ușor pentru a se acoperi.
d) Lăsați salata de fructe să stea aproximativ 10 minute pentru a permite aromelor să se topească.
e) Se ornează cu frunze de mentă proaspătă și se servește rece.

3. Pâine prăjită cu Prosecco

INGREDIENTE:
- 4 felii de pâine (cum ar fi brioșă sau pâine franțuzească)
- $\frac{3}{4}$ cană Prosecco
- $\frac{1}{4}$ cană lapte
- 2 oua
- 1 lingura zahar
- $\frac{1}{2}$ linguriță extract de vanilie
- Unt pentru gătit
- Zahăr pudră pentru pudrat (opțional)
- Fructe de pădure proaspete pentru servire (opțional)

INSTRUCȚIUNI:
a) Într-un vas puțin adânc, amestecați Prosecco, laptele, ouăle, zahărul și extractul de vanilie.
b) Încinge o tigaie antiaderentă sau grătar la foc mediu și topește o bucată de unt.
c) Înmuiați fiecare felie de pâine în amestecul de Prosecco, lăsând-o să se înmoaie câteva secunde pe fiecare parte.
d) Puneți pâinea înmuiată pe tigaie și gătiți până se rumenește pe fiecare parte, aproximativ 2-3 minute pe fiecare parte.
e) Repetați cu feliile de pâine rămase, adăugând mai mult unt după cum este necesar.
f) Pudrați pâinea prăjită cu Prosecco cu zahăr pudră dacă doriți și serviți cu fructe de pădure proaspete.

4. Parfait cu iaurt Prosecco

INGREDIENTE:

- 1 cană iaurt grecesc
- 2 linguri miere
- ½ linguriță extract de vanilie
- 1 cană granola
- 1 cană amestec de fructe de pădure proaspete
- ¼ cană Prosecco

INSTRUCȚIUNI:

a) Într-un castron mic, amestecați iaurtul grecesc, mierea și extractul de vanilie până la omogenizare.
b) În pahare sau boluri de servire, puneți amestecul de iaurt grecesc, granola, fructe de pădure proaspete și un strop de Prosecco.
c) Repetați straturile până când sunt folosite ingredientele, terminând cu o praf de iaurt grecesc și un strop de granola deasupra.
d) Serviți imediat ca un delicios parfait de iaurt infuzat cu Prosecco.

5. Crepe cu fructe de pădure cu Prosecco

INGREDIENTE:
PENTRU CRETURI:
- 1 cană de făină universală
- 2 oua
- ½ cană lapte
- ½ cană Prosecco
- 1 lingura zahar
- ¼ lingurita sare
- Unt pentru gătit

PENTRU Umplutura:
- 1 cană amestec de fructe de pădure proaspete
- ¼ cană Prosecco
- 2 linguri de zahar pudra

INSTRUCȚIUNI:
a) Într-un blender, combinați făina, ouăle, laptele, Prosecco, zahărul și sarea. Se amestecă până la omogenizare.

b) Se încălzește o tigaie antiaderentă sau o tigaie pentru crepe la foc mediu și se unge ușor cu unt.

c) Turnați ¼ de cană de aluat de creponat în tigaie, învârtindu-l pentru a forma un strat subțire și uniform.

d) Gătiți crepea aproximativ 2 minute, până când marginile încep să se ridice și fundul este ușor auriu. Întoarceți și gătiți cealaltă parte încă un minut.

e) Repetați cu aluatul rămas, ungeți tigaia cu unt după cum este necesar.

f) Într-o cratiță mică, încălziți fructele de pădure proaspete amestecate, Prosecco și zahărul pudră la foc mic până când boabele își eliberează sucul și amestecul se îngroașă ușor.

g) Puneți umplutura de fructe de pădure pe fiecare crep și pliați-o într-un triunghi sau rulați-o.

h) Serviți crepurile cu fructe de pădure Prosecco calde, cu un plus de pudră de zahăr pudră, dacă doriți.

6. Mic dejun Prosecco Quinoa

INGREDIENTE:

- 1 cană de quinoa
- 2 căni de Prosecco
- 1 cană lapte
- 2 linguri miere
- ½ linguriță extract de vanilie
- Fructe de padure proaspete si nuci tocate pentru topping

INSTRUCȚIUNI:

a) Clătiți quinoa sub apă rece pană când apa devine limpede.
b) Într-o cratiță, aduceți Prosecco la fierbere. Adăugați quinoa clătită și reduceți focul la mic.
c) Acoperiți cratita și fierbeți timp de aproximativ 15-20 de minute până când quinoa este fragedă și Prosecco este absorbit.
d) Într-o cratiță separată, încălziți laptele, mierea și extractul de vanilie până se încălzesc.
e) Odată ce quinoa este gătită, turnați amestecul de lapte peste ea și amestecați bine pentru a se combina.
f) Serviți quinoa pentru micul dejun Prosecco în boluri și acoperiți cu fructe de pădure proaspete și nuci tocate.

7. Vafe Prosecco

INGREDIENTE:

- 2 căni de făină universală
- 2 linguri de zahar granulat
- 1 lingura praf de copt
- ½ lingurita sare
- 2 ouă mari
- 1¾ cană suc de portocale
- ¼ cană unt nesărat, topit
- ¼ cană Prosecco
- Zeste de 1 portocală

INSTRUCȚIUNI:

a) Într-un castron, amestecați făina, zahărul, praful de copt și sarea.
b) Într-un castron separat, bate ouăle. Adăugați sucul de portocale, untul topit, Prosecco și coaja de portocale. Bateți până se combină bine.
c) Turnați ingredientele umede în ingredientele uscate și amestecați până se omogenizează.
d) Preîncălziți fierul de vafe și ungeți-l ușor.
e) Turnați aluatul pe fierul de vafe preîncălzit și gătiți conform instrucțiunilor producătorului.
f) Serviți vafele Prosecco cu o pudră de zahăr pudră și o parte de felii de portocale proaspete.

8. Mini stive de clătite cu Prosecco

INGREDIENTE:

Clătite:
- 2 căni de amestec Bisquick Complete pentru clătite și vafe
- ⅔ cană suc proaspăt de portocale
- ⅔ cană apă

CREMA Prosecco:
- ½ cană brânză mascarpone
- Coaja rasa a 1 portocala medie
- 5 linguri de zahar pudra
- ½ cană Prosecco
- ⅓ cană smântână pentru frișcă

Toppinguri:
- 4 până la 6 linguri marmeladă de portocale
- Coaja de portocala pentru decor

INSTRUCȚIUNI:

a) Încingeți o grătar sau tigaie la foc mediu-mare (375°F) și ungeți cu ulei vegetal.

b) Într-un castron mediu, bateți ingredientele pentru clătite cu un tel. Folosiți o lingură sau o lingură mică de înghețată pentru a turna aluatul pe grătarul fierbinte, formând mini rondele de clătite. Gatiti pana cand bulele se sparg la suprafata, apoi intoarceti si gatiti pana se rumenesc. Transferați clătitele pe un grătar de răcire.

c) Într-un castron mic, bate brânza mascarpone, coaja de portocală și zahărul pudră cu un mixer electric la viteză medie până se bate bine. Reduceți la viteză mică și amestecați ușor Prosecco până la omogenizare. Într-un alt castron mic, bate smântâna pentru frișcă la viteză mare până se formează vârfuri tari. Folosind o spatulă, îndoiți ușor frișca în amestecul de mascarpone.

d) Pentru a asambla o stivă de clătite, așezați o mini clătită pe o farfurie sau un platou de servire. Peste clătită se întinde marmeladă de portocale. Repetați cu încă două clătite și marmeladă. Se adaugă cremă Prosecco și se ornează cu coajă de portocală.

9. Gogoși Prosecco la cuptor

INGREDIENTE:

gogoși:
- 3 căni de făină
- 2 lingurite de praf de copt
- ½ linguriță sare de mare
- 4 ouă
- ¾ cană unt topit
- 1 cană zahăr
- ½ cană Prosecco
- 1 lingurita extract de vanilie
- Coaja și sucul a 2 portocale mari de buric

GLAZURĂ:
- 6 linguri Prosecco
- 2 căni de zahăr pudră cernut
- Zeste de 1 portocală

INSTRUCȚIUNI:

a) Preîncălziți cuptorul la 350 de grade Fahrenheit (175 de grade Celsius). Unge o tavă de gogoși.

b) Într-un castron mare, amestecați făina, praful de copt, sarea de mare și coaja de portocală.

c) Într-un alt castron, amestecați zahărul, ouăle, Prosecco, sucul de portocale, untul topit și extractul de vanilie.

d) Adăugați ingredientele umede la ingredientele uscate și amestecați până când aluatul este omogen și nu mai rămân buzunare uscate.

e) Transferați aluatul într-o pungă de patiserie sau într-o pungă cu fermoar cu un colț tăiat. Introduceți aluatul în tava de gogoși pregătită.

f) Coaceți gogoșile aproximativ 15 minute sau până când blaturile sunt tari la atingere. Blaturile nu trebuie să fie maro. Puteți verifica partea de jos a unei gogoși pentru a vedea dacă s-a rumenit.

g) Scoateți gogoșile din tigaie și lăsați-le să se răcească la temperatura camerei.

h) Între timp, pregătiți glazura amestecând Prosecco, zahărul pudră cernut și coaja de portocală.

i) Odată ce gogoșile s-au răcit, se scufundă pe fiecare în glazură. Lăsați glazura să se întărească și apoi înmuiați din nou gogoșile pentru o glazură dublă.

j) Savurați aceste gogoși delicioase cu Prosecco la cuptor, aromate cu suc proaspăt de portocale, coajă și Prosecco spumant! Sunt un răsfăț perfect pentru desert sau un răsfăț special pentru micul dejun.

10. Pâine Prosecco

INGREDIENTE:
- 2 căni de făină
- 2 lingurite de bicarbonat de sodiu
- ½ lingurita sare
- 2 oua
- ¼ cană unt topit
- 1 cană zahăr
- ½ cană Prosecco
- ⅓ cană smântână
- ¼ cană suc de portocale
- 1 lingura coaja de portocala
- Glazură:
- ½ cană de zahăr pudră
- ½ - 1 lingură Prosecco
- ½ linguriță coaja de portocală

INSTRUCȚIUNI:
a) Preîncălziți cuptorul la 350 de grade F (175 de grade C) și ungeți o tavă pentru pâine.

b) Într-un castron mic, amestecați făina, bicarbonatul de sodiu și sarea. Pus deoparte.

c) Într-un castron mare, bateți ouăle, untul topit și zahărul. Adăugați Prosecco, smântână, suc de portocale și coaja de portocale.

d) Adăugați încet ingredientele uscate la ingredientele umede și amestecați până când se combină.

e) Transferați aluatul în tava de pâine pregătită și coaceți timp de 55-60 de minute sau până când o scobitoare introdusă în centru iese curată.

f) Lăsați pâinea să se răcească complet înainte de a îngheța.

g) Într-un castron mic, amestecați toate ingredientele pentru glazură până se omogenizează. Stropiți glazura peste pâinea răcită.

h) Bucurați-vă de această delicioasă pâine Prosecco, infuzată cu aromele de Prosecco și coaja de portocală! Este un răsfăț perfect pentru brunch, micul dejun sau oricând îți poftești o pâine delicioasă umedă și citrice.

11. Pâine prăjită cu Prosecco

INGREDIENTE:
- 6 felii de pâine groasă (de exemplu, brioşă sau challah)
- 4 ouă mari
- ½ cană suc de portocale
- ¼ cană Prosecco
- ¼ cană lapte
- 1 lingura coaja de portocala
- ½ linguriță extract de vanilie
- Unt pentru prăjit
- Zahăr pudră pentru pudrat
- Fructe de padure proaspete pentru topping
- Sirop de arțar pentru servire

INSTRUCȚIUNI:
a) Într-un vas puțin adânc, amestecați ouăle, sucul de portocale, Prosecco, laptele, coaja de portocală și extractul de vanilie.
b) Înmuiați fiecare felie de pâine în amestec, lăsând-o să se înmoaie câteva secunde pe fiecare parte.
c) Preîncălziți o tigaie mare la foc mediu și adăugați puțin unt pentru a acoperi tigaia.
d) Gatiti feliile de paine inmuiate pana devin maro auriu si crocante pe ambele parti.
e) Transferați pâinea prăjită în farfurii de servire, pudrați cu zahăr pudră și acoperiți cu fructe de pădure proaspete.
f) Se serveste cu sirop de artar in parte.

12. Ovăz peste noapte Prosecco

INGREDIENTE:

- 1 cană de ovăz rulat
- 1 cană suc de portocale
- ½ cană iaurt grecesc
- ¼ cană Prosecco
- 1 lingura miere
- 1 lingurita coaja de portocala
- Fructe proaspete tăiate pentru topping (stejar, portocale, fructe de pădure)
- Migdale sau nuci prăjite pentru crocant (opțional)

INSTRUCȚIUNI:

a) Într-un castron, combinați ovăzul, sucul de portocale, iaurtul grecesc, Prosecco, mierea și coaja de portocale.
b) Amestecați bine pentru a vă asigura că toate ingredientele sunt complet combinate.
c) Acoperiți vasul cu folie de plastic sau cu un capac și puneți la frigider peste noapte.
d) Dimineața, amestecați ovăzul și adăugați un strop de suc de portocale sau iaurt dacă este necesar pentru a regla consistența.
e) Acoperiți cu fructe proaspete feliate și nuci prăjite, dacă doriți.

13. Cupe cu ouă Prosecco

INGREDIENTE:

- 6 felii de bacon fiert
- 6 ouă mari
- $\frac{1}{4}$ cană suc de portocale
- $\frac{1}{4}$ cană Prosecco
- Sare si piper dupa gust
- Arpagic proaspăt pentru ornat

INSTRUCȚIUNI:

a) Preîncălziți cuptorul la 375°F (190°C). Ungeți o formă de brioșe sau folosiți cupe de brioșe din silicon.

b) Tapetați fiecare ceașcă cu o felie de slănină fiartă, formând un cerc.

c) Într-un castron mic, amestecați ouăle, sucul de portocale, Prosecco, sare și piper.

d) Turnați amestecul de ouă în fiecare ceașcă tapetată cu slănină, umplându-l aproximativ ⅔ plin.

e) Coaceți în cuptorul preîncălzit timp de 15-18 minute sau până când ouăle se întăresc.

f) Scoatem cupele de ou din cuptor, le lasam sa se raceasca putin si garnisiti cu arpagic proaspat.

14. Scones cu Prosecco

INGREDIENTE:
- 2 căni de făină universală
- ¼ cană zahăr granulat
- 1 lingura praf de copt
- ½ lingurita sare
- ½ cană de unt rece nesărat, tăiat în cuburi mici
- ¼ cană smântână groasă
- ¼ cană suc de portocale
- ¼ cană Prosecco
- 1 lingurita coaja de portocala
- ½ cană de afine uscate sau stafide aurii (opțional)
- 1 ou mare, batut (pentru spalarea oualor)
- Zahăr grosier pentru stropire

INSTRUCȚIUNI:
a) Preîncălziți cuptorul la 400°F (200°C). Tapetați o foaie de copt cu hârtie de copt.

b) Într-un castron mare, amestecați făina, zahărul, praful de copt și sarea.

c) Adăugați cuburile de unt rece la ingredientele uscate și tăiați-le folosind un tăietor de patiserie sau două cuțite până când amestecul seamănă cu firimituri grosiere.

d) Într-un castron separat, amestecați smântâna groasă, sucul de portocale, Prosecco și coaja de portocale.

e) Turnați ingredientele umede în amestecul uscat și amestecați până se omogenizează. Adăugați merișoarele uscate sau stafidele aurii dacă folosiți.

f) Transferați aluatul pe o suprafață cu făină și tapetați-l într-un cerc de aproximativ 1 inch grosime. Tăiați cercul în 8 felii.

g) Puneți scones-urile pe foaia de copt pregătită, ungeți blaturile cu oul bătut și stropiți cu zahăr grosier.

h) Coaceți în cuptorul preîncălzit timp de 15-18 minute sau până când scones-urile devin maro auriu.

i) Lăsați scones-urile să se răcească puțin înainte de servire.

15. Quiche pentru mic dejun cu prosecco

INGREDIENTE:

- 1 crustă de plăcintă gata de utilizare
- 4 ouă mari
- ½ cană suc de portocale
- ½ cană Prosecco
- ½ cană smântână groasă
- ½ cană de brânză cheddar mărunțită
- ¼ cană slănină gătită și mărunțită
- ¼ cană ceapă verde tocată
- Sare si piper dupa gust
- Pătrunjel proaspăt pentru garnitură

INSTRUCȚIUNI:

a) Preîncălziți cuptorul la 375°F (190°C).

b) Întindeți crusta de plăcintă și puneți-o într-un vas de plăcintă de 9 inci. Strângeți marginile după cum doriți.

c) Într-un castron, amestecați ouăle, sucul de portocale și Prosecco până se omogenizează bine.

d) Adăugați smântâna groasă, brânza cheddar mărunțită, slănină mărunțită, ceapa verde tocată, sare și piper. Se amestecă pentru a combina.

e) Turnați amestecul de ouă în crusta de plăcintă pregătită.

f) Coaceți quiche-ul în cuptorul preîncălzit timp de 30-35 de minute sau până când centrul este fixat și blatul este maro auriu.

g) Scoateți quiche-ul din cuptor și lăsați-l să se răcească câteva minute înainte de a tăia felii.

h) Se ornează cu pătrunjel proaspăt și se servește cald.

Gustări

16. Bruschetta cu reducere de Prosecco

INGREDIENTE:

- Baghetă, tăiată rondele
- 1 lingura ulei de masline
- 1 cană de brânză ricotta
- Zest de 1 lămâie
- 1 lingura miere
- 1 cană amestec de fructe de pădure proaspete
- Frunze de mentă proaspătă pentru decor
- Reducere de Prosecco (obținută prin fierbere Prosecco până se îngroașă)

INSTRUCȚIUNI:

a) Preîncălziți cuptorul la 350°F (175°C).

b) Ungeți feliile de baghetă cu ulei de măsline și puneți-le pe o tavă de copt.

c) Prăjiți rondelele de baghetă la cuptor pentru aproximativ 8-10 minute sau până când devin ușor aurii.

d) Într-un castron mic, amestecați brânza ricotta, coaja de lămâie și mierea până se omogenizează bine.

e) Întindeți câte o praf din amestecul de ricotta pe fiecare rotundă de baghetă prăjită.

f) Acoperiți ricotta cu un amestec de fructe de pădure proaspete.

g) Peste bruscheta se stropeste reducerea de Prosecco.

h) Se ornează cu frunze de mentă proaspătă.

17. **Măsline Marinate Prosecco**

INGREDIENTE:

- 1 cană de măsline amestecate (cum ar fi Kalamata, verzi sau negre)
- $\frac{1}{4}$ cană Prosecco
- 2 linguri ulei de masline
- 2 catei de usturoi, tocati
- 1 lingurita ierburi italiene uscate (cum ar fi oregano sau cimbru)
- Fulgi de ardei roșu (opțional)

INSTRUCȚIUNI:

a) Într-un castron, combinați măslinele, Prosecco, uleiul de măsline, usturoiul tocat, ierburile italiene uscate și fulgii de ardei roșu, dacă doriți.
b) Aruncați măslinele în marinadă până când sunt bine acoperite.
c) Acoperiți vasul și lăsați-l la frigider pentru cel puțin 1 oră sau peste noapte pentru a permite aromelor să se dezvolte.
d) Servește măslinele marinate Prosecco ca o gustare gustoasă și sărată.

18. Frigarui de creveti Prosecco

INGREDIENTE:
- 1 kg de creveți mari, curățați și devenați
- ¼ cană Prosecco
- 2 linguri ulei de masline
- 2 catei de usturoi, tocati
- 1 lingura patrunjel proaspat, tocat
- Sare si piper dupa gust
- Roți de lămâie pentru servire

INSTRUCȚIUNI:
a) Într-un castron, combinați Prosecco, uleiul de măsline, usturoiul tocat, pătrunjelul proaspăt, sare și piper.
b) Adăugați creveții decojiți și devenați la marinată și amestecați pentru a se acoperi.
c) Acoperiți vasul și dați la frigider pentru cel puțin 30 de minute pentru a permite aromelor să se infuzeze.
d) Preîncălziți grătarul sau tigaia pentru grătar la foc mediu-înalt.
e) Așezați creveții marinați pe frigărui.
f) Frigaruile de creveti la gratar timp de 2-3 minute pe fiecare parte sau pana cand crevetii devin roz si opace.
g) Servește frigăruile de creveți Prosecco cu felii de lămâie pentru o gustare delicioasă și bogată în proteine.

19. Ciuperci umplute cu branza de capra

INGREDIENTE:

- 12 ciuperci nasturi mari sau cremini
- $\frac{1}{4}$ cană Prosecco
- 4 uncii de brânză de capră
- 2 linguri de arpagic proaspăt, tocat
- Sare si piper dupa gust

INSTRUCȚIUNI:

a) Preîncălziți cuptorul la 375 ° F (190 ° C).

b) Scoateți tulpinile de pe ciuperci și lăsați-le deoparte.

c) Într-o tavă de copt, turnați Prosecco și puneți capacele de ciuperci cu susul în jos în vas.

d) Coaceți capacele de ciuperci aproximativ 10 minute pentru a le înmoaie.

e) Între timp, toacă mărunt tulpinile de ciuperci.

f) Într-un castron, amestecați tulpinile de ciuperci tocate, brânza de capră, arpagicul, sare și piper.

g) Scoateți capacele de ciuperci din cuptor și scurgeți orice exces de Prosecco.

h) Umpleți fiecare capac de ciuperci cu amestecul de brânză de capră.

i) Puneți ciupercile umplute la cuptor și coaceți încă 10-12 minute sau până când umplutura devine aurie și spumoasă.

j) Serviți Prosecco și ciuperci umplute cu brânză de capră ca o gustare savuroasă și elegantă.

20. Ceviche cu Prosecco

INGREDIENTE:
- 1 kg file de pește alb (cum ar fi snapper sau tilapia), tăiate în cuburi mici
- 1 cană Prosecco
- ½ cană suc de lămâie
- ¼ cană suc de portocale
- ¼ cana ceapa rosie, tocata marunt
- 1 jalapeno, fără semințe și tocat
- ¼ cană coriandru proaspăt, tocat
- Sare si piper dupa gust
- Chipsuri de tortilla sau chipsuri de pătlagină pentru servire

INSTRUCȚIUNI:
a) Într-un bol de sticlă, combinați cuburile de pește, Prosecco, sucul de lime și sucul de portocale.
b) Se amestecă ceapa roșie tocată, jalapeno tocat și coriandru tocat.
c) Se condimenteaza cu sare si piper dupa gust.
d) Se acoperă vasul și se dă la frigider pentru aproximativ 2-3 ore, amestecând din când în când, până când peștele este opac și „gătit" de sucurile de citrice.
e) Serviți ceviche-ul Prosecco răcit cu chipsuri de tortilla sau chipsuri de pătlagină pentru o gustare ușoară și acidulată.

21. Pere Poșate Prosecco

INGREDIENTE:
- 4 pere coapte, curatate de coaja si fara miez
- 2 căni de Prosecco
- 1 cană de apă
- ½ cană zahăr
- 1 baton de scortisoara
- 4 cuișoare întregi
- Frisca sau inghetata de vanilie pentru servire

INSTRUCȚIUNI:
a) Într-o cratiță mare, combinați Prosecco, apa, zahărul, batonul de scorțișoară și cuișoarele întregi.
b) Se încălzește amestecul la foc mediu până când zahărul se dizolvă și lichidul ajunge la fiert.
c) Adăugați perele decojite și fără miez la lichidul de braconat.
d) Fierbeți perele în amestecul de Prosecco timp de aproximativ 20-30 de minute sau până când perele sunt fragede când sunt străpunse cu o furculiță.
e) Se ia cratita de pe foc si se lasa perele sa se raceasca in lichid.
f) După ce s-au răcit, scoateți perele din lichid și puneți-le în boluri de servire.
g) Se servesc perele braconate Prosecco cu un strop de lichid de braconat si o lingura de frisca sau o lingura de inghetata de vanilie.

22. Frigarui de fructe Prosecco

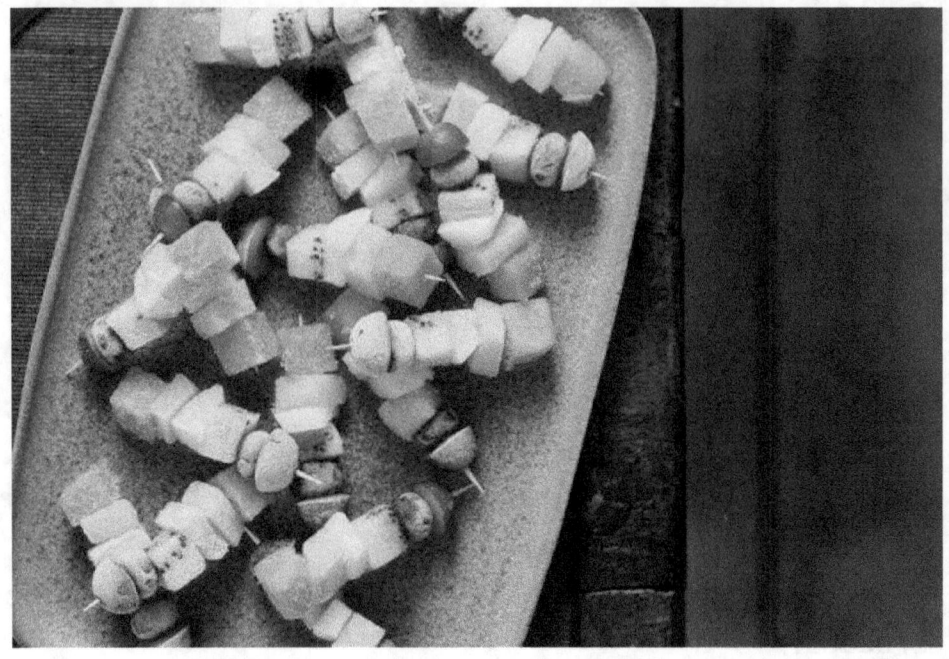

INGREDIENTE:

- Fructe proaspete asortate (cum ar fi căpșuni, struguri, bucăți de ananas și bile de pepene galben)
- 1 cană Prosecco
- Frigarui de lemn

INSTRUCȚIUNI:

a) Așezați fructele proaspete pe frigărui de lemn, alternând fructele pentru o prezentare colorată.

b) Puneți frigăruile de fructe într-un vas puțin adânc sau într-o tavă de copt.

c) Turnați Prosecco peste frigaruile de fructe, asigurându-vă că sunt bine acoperite.

d) Acoperiți vasul sau tigaia și lăsați-l la frigider pentru cel puțin 1 oră pentru a permite fructelor să absoarbă aromele de Prosecco.

e) Servește frigăruile de fructe Prosecco răcite ca o gustare răcoritoare și suculentă.

23. Popcorn Prosecco

INGREDIENTE:

- 8 cesti de floricele de porumb
- ¼ cană unt nesărat, topit
- 2 linguri Prosecco
- 1 lingurita coaja de portocala
- 1 lingura zahar pudra

INSTRUCȚIUNI:

a) Într-un castron mare, combinați untul topit, Prosecco și coaja de portocală.

b) Stropiți amestecul de unt peste floricelele de porumb și amestecați ușor pentru a se acoperi uniform.

c) Se presară zahăr pudră peste floricelele de porumb și se amestecă din nou pentru a se combina.

d) Serviți imediat sau păstrați într-un recipient ermetic pentru mai târziu.

24. Prosecco Guacamole

INGREDIENTE:

- 2 avocado coapte, piure
- ¼ cană ceapă roșie tăiată cubulețe
- ¼ cană roșii tăiate cubulețe
- ¼ cană coriandru tocat
- 1 jalapeno, fără semințe și tocat mărunt
- 2 linguri suc proaspăt de lămâie
- 2 linguri Prosecco
- Sare si piper dupa gust

INSTRUCȚIUNI:

a) Într-un castron mediu, combinați piureul de avocado, ceapa roșie, roșiile, coriandru și jalapeno.
b) Se amestecă sucul proaspăt de lămâie și Prosecco.
c) Se condimenteaza cu sare si piper dupa gust.
d) Serviți cu chipsuri tortilla sau bețișoare de legume pentru înmuiere.

25. Bruschetta cu Prosecco

INGREDIENTE:

- Baghetă, feliată
- 1 cană de roșii cherry, tăiate la jumătate
- ¼ cană ceapă roșie tăiată cubulețe
- 2 linguri busuioc proaspăt tocat
- 1 lingura otet Prosecco
- 1 lingura ulei de masline
- 1 lingurita miere
- Sare si piper dupa gust

INSTRUCȚIUNI:

a) Preîncălziți cuptorul la 350°F (175°C).

b) Aranjați feliile de baghetă pe o foaie de copt și prăjiți-le la cuptor până devin ușor crocante.

c) Într-un castron, combinați roșiile cherry, ceapa roșie, busuiocul, oțetul Prosecco, uleiul de măsline, mierea, sare și piper.

d) Turnați amestecul de roșii pe feliile de baghetă prăjite.

e) Serviți imediat ca o gustare delicioasă și elegantă.

26. Căpșuni umplute cu Prosecco

INGREDIENTE:

- 1 cană căpșuni proaspete
- 4 uncii de brânză cremă, înmuiată
- 2 linguri de zahar pudra
- 1 lingurita coaja de portocala
- 1 lingura Prosecco
- Frunze de mentă proaspătă pentru decor

INSTRUCȚIUNI:

a) Clătiți căpșunile și tăiați vârfurile. Scobiți cu atenție centrul fiecărei căpșuni folosind un cuțit mic sau un bile de pepene galben.

b) Într-un castron, combinați crema de brânză moale, zahărul pudră, coaja de portocală și Prosecco.

c) Turnați amestecul de cremă de brânză în căpșunile scobite.

d) Ornați fiecare căpșună umplută cu o frunză de mentă proaspătă.

e) Se da la frigider pana este gata de servire.

27. Mușcături de castraveți Prosecco

INGREDIENTE:

- 1 castravete mare, feliat
- 4 uncii de brânză cremă, înmuiată
- 1 lingură mărar proaspăt tocat
- 1 lingura Prosecco
- somon afumat (optional)
- Coaja de lamaie pentru garnitura

INSTRUCȚIUNI:

a) Într-un castron, amestecați crema de brânză moale, mararul tocat și Prosecco până se omogenizează bine.
b) Întindeți o cantitate mică din amestecul de cremă de brânză pe fiecare felie de castraveți.
c) Dacă doriți, acoperiți cu o bucată de somon afumat.
d) Se orneaza cu coaja de lamaie.
e) Servește mușcăturile de castraveți ca o gustare elegantă și răcoritoare.

28. Prosecco Trail Mix

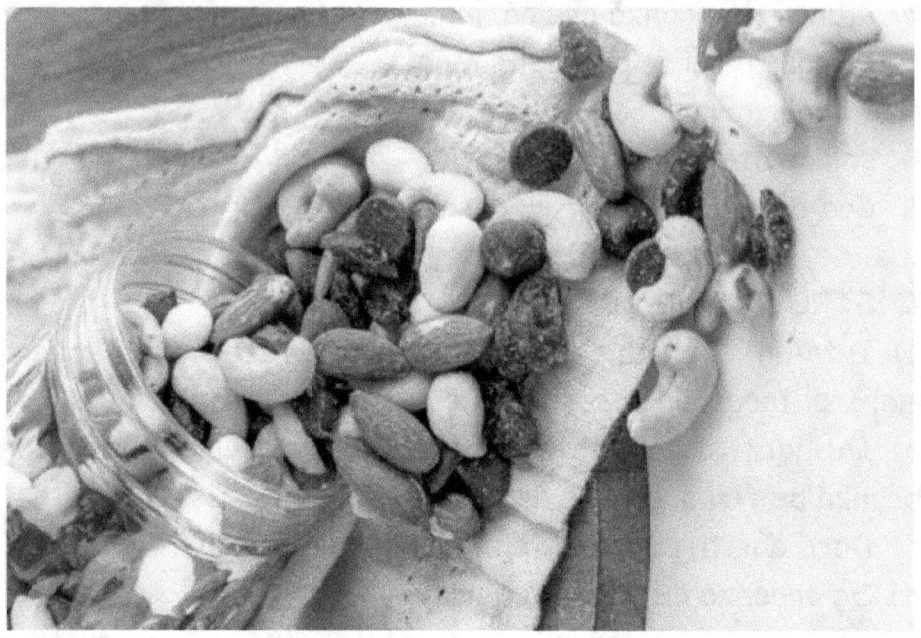

INGREDIENTE:

- 1 cană migdale prăjite
- 1 cană de afine uscate
- 1 cană chipsuri de ciocolată albă
- ¼ cană coaja de portocală
- 2 linguri Prosecco

INSTRUCȚIUNI:

a) Într-un castron mare, combinați migdalele prăjite, merișoarele uscate și chipsurile de ciocolată albă.
b) Într-un castron mic separat, amestecați coaja de portocală și Prosecco pentru a crea o glazură.
c) Stropiți glazura de portocale peste amestecul de traseu și amestecați pentru a se acoperi uniform.
d) Întindeți amestecul pe o foaie de copt și lăsați-l să se întărească.
e) Păstrați într-un recipient ermetic pentru o gustare gustoasă și îngăduitoare.

29. Prosecco Energy Bites

INGREDIENTE:

- 1 cană de ovăz de modă veche
- ½ cană unt de migdale
- ⅓ cană miere
- ¼ cană de semințe de in măcinate
- ¼ cană caise uscate mărunțite
- ¼ cană de merișoare uscate mărunțite
- ¼ cană nucă de cocos mărunțită
- 1 lingura coaja de portocala
- 2 linguri Prosecco

INSTRUCȚIUNI:

a) Într-un castron mare, combinați ovăzul, untul de migdale, mierea, semințele de in măcinate, caise uscate, merisoarele uscate, nuca de cocos mărunțită și coaja de portocală.

b) Stropiți Prosecco peste amestec și amestecați până se omogenizează bine.

c) Rulați amestecul în bile mici și puneți-le pe o tavă de copt tapetată cu hârtie de copt.

d) Dați la frigider mușcăturile de energie timp de cel puțin 30 de minute pentru a se fixa.

e) Păstrați mușcăturile de energie în frigider pentru o gustare rapidă și sănătoasă.

FORM PRINCIPAL

30. Risotto cu Prosecco cu Creveți

INGREDIENTE:
- 1 kilogram de creveți, decojiți și devenați
- 1 cană de orez Arborio
- 3 căni de bulion de legume
- 1 cană Prosecco
- ½ cană parmezan ras
- 1 lingura de unt
- 1 șalotă, tocată mărunt
- 2 catei de usturoi, tocati
- Sare si piper dupa gust
- Pătrunjel proaspăt pentru garnitură

INSTRUCȚIUNI:
a) Într-o tigaie mare, topește untul la foc mediu.

b) Adăugați eșapa și usturoiul în tigaie și gătiți până se înmoaie.

c) Adăugați orezul Arborio în tigaie și amestecați pentru a se acoperi cu unt.

d) Se toarnă Prosecco și se gătește până când este absorbit de orez.

e) Adăugați treptat bulionul de legume, aproximativ ½ cană la o oră, amestecând constant până când fiecare adaos este absorbit înainte de a adăuga mai mult.

f) Continuați acest proces până când orezul este gătit al dente și are o consistență cremoasă.

g) Se amestecă parmezanul ras și se condimentează cu sare și piper după gust.

h) Într-o tigaie separată, gătiți creveții pană când sunt roz și gătiți.

i) Serviți risottoul Prosecco în boluri, acoperit cu creveți fierți și ornat cu pătrunjel proaspăt.

31. Pui Piccata Prosecco

INGREDIENTE:
- 4 piept de pui dezosați și fără piele
- ½ cană făină universală
- Sare si piper dupa gust
- 2 linguri ulei de masline
- 2 catei de usturoi, tocati
- ½ cană Prosecco
- ½ cană supă de pui
- 2 linguri capere
- Suc de 1 lămâie
- 2 linguri de unt
- Pătrunjel proaspăt pentru garnitură

INSTRUCȚIUNI:
a) Condimentam pieptul de pui cu sare si piper.
b) Într-un vas puțin adânc, combinați făina cu sare și piper.
c) Trage pieptul de pui în amestecul de făină, scuturând orice exces.
d) Într-o tigaie mare, încălziți uleiul de măsline la foc mediu.
e) Adăugați piepții de pui în tigaie și gătiți până când se rumenesc pe ambele părți și sunt fierte.
f) Scoateți puiul din tigaie și lăsați-l deoparte.
g) În aceeași tigaie, adăugați usturoiul tocat și gătiți aproximativ 1 minut.
h) Se toarnă Prosecco și bulionul de pui, răzuind fundul tigaii pentru a slăbi bucățile rumenite.
i) Se amestecă caperele și sucul de lămâie.
j) Aduceți sosul la fiert și gătiți câteva minute pentru a reduce și a se îngroașa ușor.

k) Se amestecă untul până se topește și se încorporează în sos.
l) Întoarceți pieptul de pui în tigaie și ungeți-i cu sosul.
m) Ornați cu pătrunjel proaspăt și serviți piccata de pui Prosecco cu garniturile la alegere.

32. Somon cu seminte prajite si prosecco

INGREDIENTE:

- 4 fileuri de somon
- Sare si piper, doua gusturi
- 2 linguri ulei de masline
- 2 linguri de semințe amestecate (cum ar fi susan, dovleac sau floarea soarelui)
- 1 cană de Prosecco sau orice vin alb spumant
- 1 cană smântână groasă
- 2 linguri de marar proaspat, tocat
- 1 lămâie, feliată (pentru garnitură)

INSTRUCȚIUNI:

a) Se condimentează fileurile de somon cu sare și piper pe ambele părți.

b) Încinge uleiul de măsline într-o tigaie mare la foc mediu. Adăugați fileurile de somon, cu pielea în jos și gătiți aproximativ 4-5 minute până când pielea devine crocantă și rumenită. Întoarceți fileurile și gătiți încă 3-4 minute sau până când somonul este gătit la nivelul dorit de fierbere. Scoateți somonul din tigaie și lăsați-l deoparte.

c) În aceeași tigaie, adăugați semințele amestecate și prăjiți-le la foc mediu aproximativ 2-3 minute până devin parfumate și ușor aurii. Scoateți semințele din tigaie și lăsați deoparte.

d) Deglazează tigaia adăugând Prosecco, răzuind fundul cratiței pentru a slăbi bucățile rumenite. Lăsați Prosecco să fiarbă câteva minute până se reduce ușor.

e) Se amestecă smântâna groasă și se fierbe în continuare sosul timp de aproximativ 5 minute până se îngroașă ușor. Se condimenteaza cu sare si piper dupa gust.

f) Întoarceți fileurile de somon în tigaie și gătiți încă 2-3 minute, lăsându-le să se încălzească și să absoarbă o parte din sos.

g) Se presara peste fileurile de somon semintele prajite si mararul tocat.

h) Serviți somonul cu sosul Prosecco pe farfurii individuale. Se ornează cu felii de lămâie.

i) Savurează-ți deliciosul somon cu semințe prăjite și sos Prosecco!

33. Paste cu Prosecco Bolognese

INGREDIENTE:
- 1 kg carne de vită tocată
- 1 ceapa, tocata marunt
- 2 catei de usturoi, tocati
- ½ cană Prosecco
- 1 conserve (14 uncii) de roșii zdrobite
- ¼ cană pastă de tomate
- 1 lingurita oregano uscat
- 1 lingurita busuioc uscat
- Sare si piper dupa gust
- ¼ cană smântână groasă
- Paste fierte la alegere (cum ar fi spaghete sau fettuccine)
- Parmezan ras pentru servire
- Frunze de busuioc proaspăt pentru decor

INSTRUCȚIUNI:
a) Într-o tigaie mare, gătiți carnea de vită la foc mediu până se rumenește.
b) Adăugați ceapa tocată și usturoiul tocat în tigaie și gătiți până se înmoaie.
c) Turnați Prosecco și gătiți câteva minute pentru a permite alcoolului să se evapore.
d) Se amestecă roșiile zdrobite, pasta de roșii, oregano uscat și busuioc uscat.
e) Se condimenteaza cu sare si piper dupa gust.
f) Fierbeți sosul aproximativ 20-30 de minute pentru a permite aromelor să se dezvolte.
g) Se amestecă smântâna groasă și se fierbe încă 5 minute.
h) Serviți sosul Prosecco Bolognese peste paste fierte.

i) Se presara cu parmezan ras si se orneaza cu frunze proaspete de busuioc.

34. Risotto cu ciuperci Prosecco

INGREDIENTE:
- 1 cană de orez Arborio
- 4 căni de bulion de legume
- 1 cană Prosecco
- 2 linguri ulei de masline
- 1 ceapa, tocata marunt
- 8 uncii de ciuperci, feliate
- 2 catei de usturoi, tocati
- $\frac{1}{4}$ cană parmezan ras
- Sare si piper dupa gust
- Pătrunjel proaspăt pentru garnitură

INSTRUCȚIUNI:
a) Într-o cratiță, încălziți bulionul de legume și Prosecco la foc mediu până se încinge.
b) Într-o tigaie mare separată, încălziți uleiul de măsline la foc mediu.
c) Adăugați ceapa tocată în tigaie și gătiți până se înmoaie.
d) Amestecați ciupercile feliate și usturoiul tocat și gătiți până când ciupercile sunt fragede și ușor rumenite.
e) Adăugați orezul Arborio în tigaie și amestecați pentru a acoperi boabele cu amestecul de ciuperci.
f) Adăugați treptat amestecul fierbinte de bulion de legume, aproximativ $\frac{1}{2}$ cană o dată, amestecând constant până când fiecare adaos este absorbit înainte de a adăuga mai mult.
g) Continuați acest proces până când orezul este gătit al dente și are o consistență cremoasă.
h) Se amestecă parmezanul ras și se condimentează cu sare și piper după gust.

i) Ornați cu pătrunjel proaspăt și serviți risotto cu ciuperci Prosecco ca fel principal delicios.

35. Pui cu sos Pomodoro si Prosecco

INGREDIENTE:

- 4 piept de pui dezosați și fără piele
- Sare si piper, doua gusturi
- 2 linguri ulei de masline
- 1 ceapa mica, tocata marunt
- 3 catei de usturoi, tocati
- 1 conserve (14 uncii) de roșii tăiate cubulețe
- ½ cană Prosecco sau orice vin alb spumant
- ¼ cană pastă de tomate
- 1 lingurita busuioc uscat
- 1 lingurita oregano uscat
- ½ lingurita zahar
- ¼ linguriță fulgi de ardei roșu (opțional, pentru puțină căldură)
- Frunze de busuioc proaspăt, pentru decor
- Parmezan ras, pentru servire

INSTRUCȚIUNI:

a) Condimentam pieptul de pui cu sare si piper pe ambele parti.

b) Încinge uleiul de măsline într-o tigaie mare la foc mediu-mare. Adăugați pieptul de pui și gătiți aproximativ 5-6 minute pe fiecare parte, până când sunt rumeniți și gătiți. Scoateți puiul din tigaie și lăsați-l deoparte.

c) In aceeasi tigaie adaugam ceapa tocata si usturoiul. Se caleste 2-3 minute pana ce ceapa devine translucida si usturoiul este parfumat.

d) Adăugați roșiile tăiate cubulețe, Prosecco, pasta de roșii, busuioc uscat, oregano uscat, zahăr și fulgi de ardei roșu (dacă folosiți) în tigaie. Se amestecă bine pentru a combina toate ingredientele.

e) Reduceți focul la mic și fierbeți sosul timp de aproximativ 10-15 minute, lăsând aromele să se topească și sosul să se îngroașe ușor. Asezonați cu sare și piper, dacă este necesar.

f) Întoarceți pieptul de pui fiert în tigaie, cuibărându-i în sos. Peste puiul se pune puțin din sos.

g) Continuați să fierbeți puiul în sos pentru încă 5 minute sau până când puiul este încălzit.

h) Se ornează puiul cu frunze proaspete de busuioc și se stropește cu parmezan ras.

i) Servește puiul cu sos Pomodoro și Prosecco peste paste, orez sau cu crusta de pâine în lateral.

36. Coaste scurte de vită înăbușită cu Prosecco

INGREDIENTE:
- 4 coaste scurte de vita
- Sare si piper dupa gust
- 2 linguri ulei de masline
- 1 ceapa, tocata
- 2 morcovi, tocați
- 2 tulpini de telina, tocate
- 4 catei de usturoi, tocati
- 2 căni de Prosecco
- 2 cesti supa de vita
- 2 crengute de cimbru proaspat
- 2 crengute de rozmarin proaspat
- 1 frunză de dafin
- Pătrunjel proaspăt pentru garnitură

INSTRUCȚIUNI:
a) Preîncălziți cuptorul la 325°F (163°C).
b) Condimentați coastele de vită cu sare și piper.
c) Într-un cuptor olandez mare sau o oală sigură pentru cuptor, încălziți uleiul de măsline la foc mediu-mare.
d) Rumeniți coastele scurte pe toate părțile, apoi scoateți-le din oală și lăsați-le deoparte.
e) În aceeași oală, adăugați ceapa tocată, morcovii, țelina și usturoiul tocat.
f) Gatiti legumele pana se inmoaie si se caramelizeaza usor.
g) Turnați Prosecco și bulionul de vită și aduceți lichidul la fiert.
h) Adăugați coastele scurte rumenite înapoi în oală, împreună cu crenguțele de cimbru proaspăt, rozmarin și foi de dafin.

i) Acoperiți oala cu un capac și transferați-o în cuptorul preîncălzit.

j) Se înălță coastele la cuptor pentru aproximativ 2-3 ore, sau până când carnea este fragedă și cade de pe os.

k) Scoateți vasul din cuptor și îndepărtați excesul de grăsime de pe suprafață.

l) Servește coastele scurte de vită înăbușite cu Prosecco împreună cu lichidul de fiert și ornează cu pătrunjel proaspăt.

37. Pui la gratar marinat cu Prosecco

INGREDIENTE:
- 4 piept de pui dezosați și fără piele
- 1 cană Prosecco
- ¼ cană ulei de măsline
- Suc de 1 lămâie
- 2 catei de usturoi, tocati
- 1 lingura ierburi proaspete tocate (cum ar fi rozmarin, cimbru sau patrunjel)
- Sare si piper dupa gust
- Roți de lămâie pentru servire
- Ierburi proaspete pentru decor

INSTRUCȚIUNI:
a) Într-un castron, amestecați Prosecco, uleiul de măsline, sucul de lămâie, usturoiul tocat, ierburile proaspete tocate, sare și piper.
b) Pune pieptul de pui într-o pungă de plastic resigilabilă sau într-o farfurie mică și toarnă peste ele marinada Prosecco.
c) Sigilați punga sau acoperiți vasul și lăsați-l la frigider pentru cel puțin 1 oră sau peste noapte pentru cea mai bună aromă.
d) Preîncălziți grătarul la foc mediu-mare.
e) Scoateți pieptul de pui din marinadă, lăsând orice exces de marinată să se scurgă.
f) Puiul la grătar aproximativ 6-8 minute pe fiecare parte sau până când este fiert și nu mai este roz în centru.
g) Scoateți puiul de pe grătar și lăsați-l să se odihnească câteva minute.
h) Serviți puiul la grătar marinat cu Prosecco cu felii de lămâie și ornat cu ierburi proaspete.

DESERT

38. Tort cu prosecco

INGREDIENTE:
Pentru tort:
- 2 ½ căni de făină universală
- 2 ½ lingurițe de praf de copt
- ½ lingurita sare
- 1 cană unt nesărat, înmuiat
- 2 căni de zahăr granulat
- 4 ouă mari
- 1 lingurita extract de vanilie
- 1 cană Prosecco (vin spumant)
- ¼ cană lapte

PENTRU GLAURA PROSECCO DE UNT:
- 1 ½ cană de unt nesărat, înmuiat
- 4 căni de zahăr pudră
- ¼ cană Prosecco (vin spumant)
- 1 lingurita extract de vanilie

GARNITURA OPTIONALA:
- Perle comestibile
- Boabele proaspete
- Zahăr spumant

INSTRUCȚIUNI:
Pentru tort:

a) Preîncălziți cuptorul la 180°C (350°F) și ungeți și făinați două forme rotunde de 9 inci pentru tort.

b) Într-un castron mediu, amestecați făina, praful de copt și sarea. Pus deoparte.

c) Într-un castron mare, cremă untul înmuiat și zahărul granulat până devine ușor și pufos.

d) Adaugam ouale pe rand, batand bine dupa fiecare adaugare. Se amestecă extractul de vanilie.

e) Adăugați treptat ingredientele uscate în amestecul de unt, alternând cu Prosecco, începând și terminând cu ingredientele uscate. Se amestecă până când se combină.

f) Se amestecă laptele și se amestecă până când aluatul este omogen.

g) Împărțiți aluatul în mod egal între formele de tort pregătite, netezind blaturile cu o spatulă.

h) Coacem in cuptorul preincalzit aproximativ 25-30 de minute sau pana cand o scobitoare introdusa in centrul prajiturii iese curata.

i) Scoateți prăjiturile din cuptor și lăsați-le să se răcească în tavă timp de 10 minute. Apoi, transferați-le pe un grătar pentru a se răci complet.

PENTRU GLAURA PROSECCO DE UNT:

j) Într-un castron mare, bateți untul înmuiat până devine cremos și neted.

k) Adaugam treptat zaharul pudra, cate o cana, batand bine dupa fiecare adaugare.

l) Amestecați Prosecco și extractul de vanilie și continuați să bateți până când glazura devine ușoară și pufoasă.

ASAMBLARE:

m) Așezați un strat de tort pe o farfurie de servire sau pe un suport de prăjitură. Întindeți o cantitate generoasă de glazură de unt Prosecco uniform deasupra.

n) Puneți al doilea strat de prăjitură deasupra și înghețați întregul tort cu glazura de unt Prosecco rămasă, folosind o spatulă sau un neted pentru prăjitură pentru a crea un finisaj neted.

o) Opțional: Ornați tortul cu perle comestibile, fructe de pădure proaspete sau un strop de zahăr spumant pentru un plus de eleganță și aspect vizual.

p) Tăiați și serviți tortul Prosecco, savurând aromele delicate și nota de sărbătoare a Prosecco.

39. Fondue cu brânză Prosecco

INGREDIENTE:
- 1 cană brânză Gruyere rasă
- 1 cană brânză Emmental rasă
- 1 lingura amidon de porumb
- 1 cană Prosecco
- 1 cățel de usturoi, tocat
- 1 lingura suc de lamaie
- Piper negru proaspăt măcinat
- Scule asortate (cum ar fi cuburi de pâine, felii de mere sau legume)

INSTRUCȚIUNI:
a) Într-un castron, amestecați brânza Gruyere și Emmental rasă cu amidon de porumb până se îmbracă.
b) Într-o oală pentru fondue sau o cratiță, încălziți Prosecco la foc mediu până când este fierbinte, dar nu fierbe.
c) Adăugați treptat amestecul de brânză rasă la Prosecco fierbinte, amestecând continuu până se topește și se omogenizează.
d) Se amestecă usturoiul tocat și sucul de lămâie.
e) Se condimentează cu piper negru proaspăt măcinat după gust.
f) Transferați fondue de brânză Prosecco într-un vas pentru fondue pentru a o menține cald.
g) Serviți cu scule asortate pentru o gustare distractivă și interactivă cu infuzie de Prosecco.

40. Prosecco Granita

INGREDIENTE:

- 2 căni de Prosecco
- $\frac{1}{4}$ cană zahăr
- Suc de 1 lămâie
- Frunze de mentă proaspătă pentru decor

INSTRUCȚIUNI:

a) Într-o cratiță, încălziți Prosecco și zahărul la foc mediu până când zahărul se dizolvă.
b) Scoateți cratita de pe foc și adăugați sucul de lămâie.
c) Turnați amestecul de Prosecco într-un vas de mică adâncime, sigur pentru congelator.
d) Pune vasul la congelator și lasă-l să stea aproximativ 1 oră.
e) După 1 oră, folosiți o furculiță pentru a răzui și a pufea amestecul parțial congelat.
f) Reveniți vasul la congelator și repetați procesul de răzuire la fiecare 30 de minute timp de aproximativ 3-4 ore, până când granita are o textură pufoasă și înghețată.
g) Servește granita de Prosecco în boluri sau pahare pentru desert, garnisită cu frunze de mentă proaspătă pentru un deliciu răcoros și răcoritor.

41. Piersici și Prosecco Pavlova

INGREDIENTE:
- 4 albusuri
- 1 cană de zahăr tos
- 1 lingurita otet alb
- 1 lingurita amidon de porumb
- 1 cana frisca
- 2 piersici coapte, feliate
- ½ cană Prosecco

INSTRUCȚIUNI:
a) Preîncălziți cuptorul la 300°F (150°C). Tapetați o foaie de copt cu hârtie de copt.
b) Bate albusurile spuma pana se formeaza varfuri tari. Adaugati treptat zaharul, cate o lingura, batand bine dupa fiecare adaugare.
c) Adăugați oțet și amidon de porumb și bateți până se combină.
d) Turnați amestecul pe foaia de copt pregătită pentru a forma un cerc de 8 inchi (20 cm).
e) Cu o spatulă, faceți o fântână în centrul pavlovei.
f) Coaceți timp de 1 oră sau până când pavlova este crocantă la exterior și moale la interior.
g) Se răcește ușor complet.
h) Peste pavlova se întinde frișcă. Adăugați piersici feliate și stropiți cu Prosecco.

42. Panna cotta cu șampanie cu fructe de pădure

INGREDIENTE:
PANNA COTTA DE VANILIE
- 1 ¼ cană jumătate și jumătate
- 1 ¾ cană smântână groasă
- 2 lingurite gelatina fara aroma
- 45 de grame de zahăr granulat
- Vârf de cuțit de sare
- 1 ½ linguriță extract de vanilie

JELEU DE VIN SPUMANT
- 2 căni de șampanie, Prosecco sau vin spumant
- 2 lingurite gelatina
- 4 lingurite de zahar granulat

INSTRUCȚIUNI:
PANNA COTTA DE VANILIE

a) Pune 2 linguri de jumatate si jumatate intr-o cana mica si presara gelatina deasupra uniform pentru a inflori.

b) Puneți restul de lapte, zahăr și sare într-o cratiță la foc mic, dar nu lăsați să fiarbă. Dacă se întâmplă, scoateți-l imediat de pe foc. Urmăriți-l constant, deoarece poate fierbe foarte repede.

c) Se amestecă până când zahărul este complet dizolvat.

d) Adăugați smântâna și amestecați până se încorporează complet.

e) Se amestecă gelatina înflorită. Nu lăsați să fiarbă.

f) Luați focul.

g) Adăugați extract de vanilie.

h) Se amestecă ușor până când amestecul ajunge la temperatura camerei.

i) Turnați amestecul în pahare de shot sau pahare flaut înalte. Înainte de a turna în fiecare pahar nou, amestecați ușor amestecul pentru a preveni separarea acestuia.

j) Puneți într-un recipient ermetic la frigider să se întărească înainte de a adăuga jeleu de șampanie deasupra. Aproximativ 2-4 ore.

JELEU DE VIN SPUMANT

k) Se pun 2 linguri de vin spumant intr-o cana, iar deasupra se presara gelatina pentru a inflori.

l) Puneți zahărul și Prosecco într-o tigaie mică și încălziți la foc mic.

m) Odată ce zahărul este dizolvat, adăugați gelatina înflorită în timp ce amestecați. Nu lăsați să fiarbă.

n) Odată ce se răcește la temperatura camerei. Se toarnă deasupra panna cotta setată. Amestecați ușor amestecul înainte de a-l turna în fiecare pahar.

o) Odată ce jeleul se întărește, imediat înainte de servire, puneți ușor deasupra câteva fructe de pădure la alegere. Umpleți restul paharului cu șampanie. Rotiți paharul pentru a lăsa sucul fructelor de pădure să iasă. Sticla flaut va avea acum trei straturi diferite de culoare.

43. Sorbet cu șampanie cu căpșuni

INGREDIENTE:

- 4 cesti de capsuni proaspete, spalate si decojite
- 1 ½ cană de șampanie sau prosecco
- ⅓ cană zahăr granulat

INSTRUCȚIUNI:

a) Adăugați toate ingredientele într-un blender și amestecați până la omogenizare.

b) Transferați amestecul într-un aparat de înghețată și amestecați conform instrucțiunilor producătorului.

c) Mănâncă imediat sau transferă într-un recipient rezistent la congelator pentru a se răci până se întărește.

44. Pate de fructe cu capsuni si prosecco

INGREDIENTE:

- 2 căni de zahăr granulat
- ¾ cană piure de căpșuni
- 1-¼ cani de sos de mere neindulcit
- 1 lingurita suc de lamaie
- 4 lingurite pectină pudră
- 4-½ lingurițe de prosecco

INSTRUCȚIUNI:

a) Tapetați o tavă pătrată de 8 pe 8 inci cu două bucăți de hârtie de pergament încrucișate. Mi se pare util să folosesc agrafe de rufe pentru a mă asigura că hârtia rămâne la loc.
b) Într-o oală adâncă de 3 litri, combina zahărul, piureul de căpșuni, sosul de mere, sucul de lămâie și pectina.
c) Aduceți la fierbere la foc mediu, amestecând des cu o spatulă rezistentă la căldură sau o lingură de lemn.
d) După ce amestecul s-a fiert timp de aproximativ 10 minute, atașați cu grijă un termometru pentru bomboane. În acest moment, veți dori să amestecați continuu pentru a nu arde fundul tigaii.
e) Gatiti pana cand termometrul ajunge la 225F. Opriți focul și adăugați vinul roșu.
f) Opriți focul și adăugați vinul roșu, apoi turnați imediat siropul în tigaia pregătită.
g) Se lasa sa stea 4-8 ore pana se vede.
h) Presărați generos o masă de tăiat cu zahăr granulat și apoi răsturnați pate de fructe pe masa de tăiat.
i) Scoateți ușor hârtia de pergament. Va fi lipicios, așa că lucrați dintr-un colț și curățați încet.

j) Folosind un cuțit mare ascuțit, tăiați bomboana în fâșii de un inch și apoi bucăți de un inch. Va trebui să spălați și să uscați cuțitul între tăieturi.
k) Trage pătratele de fructe în mai mult zahăr.
l) Păstrați într-un recipient ermetic cu pergament între straturi.

45. Prosecco Vodka Struguri

INGREDIENTE:

- 16 uncii de struguri roșii fără semințe
- 16 uncii de struguri verzi fără semințe
- 750 ml prosecco
- 6 uncii de vodcă
- ⅓ cană zahăr granulat

INSTRUCȚIUNI:

a) Spălați și uscați strugurii, apoi adăugați într-un castron mare.

b) Se toarnă Prosecco și vodca deasupra strugurilor și se dă la frigider peste noapte.

c) Strecurați și ștergeți ușor strugurii cu un prosop de hârtie, lăsându-i la abur. Notă: căptușirea unei foi de copt cu prosoape de hârtie și balansarea lor înainte și înapoi este o modalitate rapidă de a le usca ușor.

d) Se intinde intr-un strat uniform pe o tava de copt si se presara cu zahar. Se amestecă ușor pentru a acoperi.

46. Miere infuzata cu Prosecco

INGREDIENTE:
- 4 piersici coapte, decojite, fără sâmburi și feliate
- 1 lingura zahar
- 1 cană de Prosecco sau orice vin alb spumant
- Frunze de mentă proaspătă pentru decor (opțional)
- Inghetata de vanilie sau frisca (optional)

INSTRUCȚIUNI:
a) Într-un castron, combinați piersicile feliate, zahărul și Prosecco. Se amestecă ușor pentru a acoperi piersicile uniform. Lăsați amestecul să stea aproximativ 10-15 minute pentru a permite aromelor să se îmbine.

b) Împărțiți piersicile și amestecul de Prosecco în boluri de servire sau pahare pentru desert.

c) Dacă doriți, acoperiți piersicile cu o linguriță de înghețată de vanilie sau o cupă de frișcă.

d) Decorați cu frunze de mentă proaspătă, dacă doriți.

e) Serviți imediat desertul cu piersici și prosecco și bucurați-vă de combinația încântătoare de arome.

47. Prosecco roz ursuleț de gumă p

INGREDIENTE:

- 200 ml Prosecco
- 100 g zahăr
- Suficientă gelatină pentru a seta de aproximativ cinci ori mai mult lichid decât aveți

INSTRUCȚIUNI:

a) Turnați Prosecco și zahărul într-o tigaie și încălziți-le ușor la foc mic până când zahărul se dizolvă.

b) Adăugați pudră de gelatină în tigaie puțin câte puțin și amestecând constant, încălziți lichidul foarte, foarte încet, în timp ce zahărul și gelatina se topesc în Prosecco - cu cât încălziți mai încet amestecul, cu atât veți gusta mai multă efervescentă în ursii de gumă gata. .

c) Odată ce s-a dizolvat totul, luați tigaia de pe foc și adăugați câteva picături de colorant alimentar roz în tigaie. Se amestecă până când lichidul devine roz - am făcut un lot cu acesta și unul fără, iar lotul cu colorant alimentar arăta mult mai bine dintr-un motiv ciudat.

d) Apoi, puteți începe să vă umpleți formele pentru ursuleți de gumă, ceea ce este mai ușor de spus decât de făcut dacă nu ați primit formele care vin cu seringa, deoarece sunt atât de mici și depășesc ușor dacă turnați lichidul în ea. Am găsit că cel mai bun mod de a o face a fost să folosesc lingurile mele de măsurat – cea mai mică este perfectă pentru umplerea formelor.

e) Se lasa la frigider cateva ore - de preferat peste noapte.

48. Salata de fructe mimoza

INGREDIENTE:
- 3 kiwi, curatati de coaja si feliati
- 1 cană mure
- 1 cană afine
- 1 cană căpșuni, tăiate în sferturi
- 1 cană de ananas, tăiat în bucăți mici
- 1 cană Prosecco, răcit
- $\frac{1}{2}$ cană suc de portocale proaspăt stors
- 1 lingura de miere
- $\frac{1}{2}$ cană de mentă proaspătă

INSTRUCȚIUNI:
a) Într-un castron mare, combinați toate fructele.
b) Se toarnă Prosecco, sucul de portocale și mierea peste fructe și se amestecă cu grijă.
c) Se ornează cu mentă și se servește.

49. Macarons cu Prosecco

INGREDIENTE:
PENTRU Umplutura:
- ½ cană smântână groasă, împărțită
- ½ cană Prosecco
- 2 linguri amidon de porumb
- 2 linguri de zahar granulat
- 1 ou intreg
- 2 galbenusuri de ou
- 2 linguri de unt nesarat
- 1 lingurita extract de vanilie

PENTRU COCHILE DE MACARON:
- 100 de grame de făină de migdale
- 1 cană de zahăr pudră
- coaja unei portocale
- 3 albusuri
- ⅛ lingurita crema de tartru
- ¼ cană + 2 lingurițe zahăr superfin
- Colorant alimentar pastă de gel roz trandafir și galben lămâie (opțional)

INSTRUCȚIUNI:
FACEȚI Umplutura:
a) Într-un castron, combinați ¼ de cană de smântână cu amidon de porumb, gălbenușuri și ou întreg; pus deoparte.
b) Într-o cratiță mică, combinați smântâna rămasă, Prosecco și zaharul granulat și puneți-o la foc mediu.
c) Când amestecul începe să fiarbă, adăugați o treime din el în amestecul de ouă, amestecând energic.
d) Se toarnă amestecul de ouă încălzit înapoi în cratiță și se fierbe la foc mic până se îngroașă.

e) Se ia de pe foc si se adauga untul nesarat si extractul de vanilie.

f) Strecurați amestecul printr-o strecurătoare cu plasă fină într-un vas termorezistent, acoperiți suprafața cu folie de plastic și răciți la frigider.

FACEȚI COCHILE DE MACARON:

g) Cerneți făina de migdale și zahărul pudră împreună, aruncați bucățile mari și adăugați coaja de portocală la amestec.

h) Intr-un castron separat, batem albusurile spumoase, apoi adaugam crema de tartru si continuam sa batem pana se formeaza varfuri moi.

i) Adaugati incet zaharul superfin in timp ce continuati sa bateti albusurile spuma.

j) Nuanțați amestecul cu colorant alimentar pastă de gel roz trandafir și galben lămâie, dacă doriți.

k) Bateți amestecul până când se obțin vârfuri tari.

l) Îndoiți ușor amestecul de migdale în albușurile bătute spumă până când aluatul scade din spatulă într-o panglică lungă.

m) Transferați aluatul într-o pungă prevăzută cu un vârf rotund mic și puneți rondele cu diametrul de un inch pe o tavă de copt tapetată cu pergament.

n) Preîncălziți cuptorul la 375 grade F (190 grade C).

o) Lăsați cojile de macaron să se usuce și să formeze o membrană/copiă subțire timp de aproximativ 20-30 de minute.

p) Reduceți temperatura cuptorului la 325 de grade F (163 de grade C) și coaceți cojile de macaron timp de 12-15 minute.

q) Răciți cojile pe tava de copt.

ASSAMBLAȚI MACARONELE:

r) Odată ce cojile s-au răcit, puneți aproximativ două lingurițe de umplutură răcită pe jumătate din coji.

s) Sandwich umplutura cu cojile rămase.

50. Inghetata Prosecco

INGREDIENTE:
- 2 cesti + 2 linguri lapte integral
- 1 ¼ cană de smântână groasă
- 2 linguri sirop de porumb
- ½ cană zahăr granulat alb
- 1 lingurita sare kosher
- 1 ½ linguriță amidon de porumb
- 1 lingurita extract de vanilie
- ½ linguriță extract de portocale
- 2 linguri coaja de portocala
- ⅓ cană Prosecco

INSTRUCȚIUNI:
a) Într-o cratiță de 4 litri, amestecați 2 căni de lapte, smântână groasă, sirop de porumb, zahăr și sare. Se aduce la fierbere la foc mediu. Urmăriți cu atenție și amestecați des.

b) Într-un castron separat, amestecați amidonul de porumb și 2 linguri de lapte rezervate până se omogenizează. Asezat de cratita.

c) Pe măsură ce amestecul ajunge la fierbere scăzut, amestecați pentru a vă asigura că tot zahărul se dizolvă. Lăsați amestecul să fiarbă încet timp de 2 minute. Apoi se ia de pe foc și se amestecă amestecul de amidon de porumb. Reveniți la căldură și bateți până când amestecul clocotește peste tot.

d) Luați de pe foc și adăugați vanilia, extractul de portocale și coaja de portocală. Se lasa sa se raceasca la temperatura camerei, aproximativ 20 de minute. Apoi se toarnă într-un recipient ermetic printr-o strecurătoare pentru a îndeparta orice cocoloașe și orice coaja.

e) Răciți timp de cel puțin 6 ore.

f) Când baza de înghețată s-a răcit, scoateți-o din frigider și turnați-o în aparatul de înghețată. Adăugați Prosecco deasupra bazei de înghețată.

g) Urmați instrucțiunile cu producătorul dvs. , deoarece acestea pot varia în funcție de producător. Introduceți paleta și amestecați până se îngroașă. Cu un accesoriu pentru înghețată KitchenAid, acest lucru durează aproximativ 25-30 de minute.

h) Când înghețata s-a amestecat, puneți-o într-un recipient etanș pentru congelator. Congelați timp de 4-6 ore înainte de a savura pentru a vă asigura că are o consistență bună.

51. Salata de fructe Prosecco

INGREDIENTE:
- 3 kiwi, curatati de coaja si feliati
- 1 cană mure
- 1 cană afine
- 1 cană căpșuni, tăiate în sferturi
- 1 cană de ananas, tăiat în bucăți mici
- 1 cană Prosecco, răcit
- ½ cană suc de portocale proaspăt stors
- 1 lingura de miere
- ½ cană de mentă proaspătă

INSTRUCȚIUNI:
d) Într-un castron mare, combinați toate fructele.
e) Se toarnă Prosecco, sucul de portocale și mierea peste fructe și se amestecă cu grijă.
f) Se ornează cu mentă și se servește.

52. Tort Mic dejun Merisor -Prosecco

INGREDIENTE:
- Spray de gatit
- 1 cană (2 batoane) unt nesărat, înmuiat
- 1 ¾ cană (350 g) zahăr granulat, împărțit, plus mai mult pentru servire
- 2 linguri coaja de portocala rasa fin
- 2 ouă mari
- 2 galbenusuri mari
- 4 căni (480 g) făină de prăjitură
- 2 ½ lingurițe de praf de copt
- 1 lingurita sare kosher
- ½ lingurita de bicarbonat de sodiu
- 1 cană suc proaspăt de portocale (din aproximativ 2 portocale mari pentru buric)
- ½ cană iaurt grecesc simplu
- ½ cană brut Prosecco
- 12 uncii de merișoare proaspete sau congelate (aproximativ 3 căni), împărțite

Directii:
a) Preîncălziți cuptorul la 350°F (175°C). Ungeți o tavă de copt de 13"x 9" cu spray de gătit. Tapetați tava cu hârtie de pergament, lăsând o probă de 2" pe ambele părți lungi, apoi ungeți pergamentul cu spray de gătit.
b) În castronul mare al unui mixer cu suport prevăzut cu accesoriul cu paletă (sau într-un castron mare folosind un mixer portabil), bateți untul înmuiat și 1 ½ cană de zahăr granulat la viteză medie-mare până devine ușor și pufos, aproximativ 5 minute. Răzuiți părțile laterale ale vasului după cum este necesar. Adăugați 1 lingură de coajă de portocală și bateți la viteză medie-mică până se combină.

Adăugați ouăle și gălbenușurile, pe rând, bateți pentru a se omogeniza după fiecare adăugare.

c) Într-un castron mediu, amestecați făina de tort, praful de copt, sarea kosher și bicarbonatul de sodiu. Adăugați jumătate din ingredientele uscate în amestecul de unt și bateți la viteză mică până când se combină. Adăugați sucul proaspăt de portocale și iaurtul grecesc și bateți la viteză medie până când cea mai mare parte a lichidului este încorporată. Adăugați Prosecco brut și ingredientele uscate rămase și bateți la viteză mică până când se încorporează; este în regulă dacă există câteva bulgări mici. Răzuiți fundul vasului pentru a vă asigura că nu există pete uscate. Îndoiți 2 căni de merișoare.

d) Se toarnă aluatul în tava pregătită și se presară deasupra restul de 1 cană de merișoare. Într-un castron mic, combinați ¼ de cană de zahăr și 1 lingură de coajă de portocală. Presărați acest amestec peste partea de sus a aluatului.

e) Coaceți tortul până devine maro auriu și un tester introdus în centru iese curat, aproximativ 50 până la 55 de minute.

f) Lăsați tortul să se răcească, apoi stropiți cu mai mult zahăr și coajă de portocală înainte de servire.

53. Tort clasic cu Prosecco

INGREDIENTE:
Prăjituri cu pandișpan:
- 1 ¼ cană (250 g) zahăr
- 1 ¼ cană (140 g) făină universală (00)
- ¾ cană (120 g) amidon de cartofi
- 8 oua, la temperatura camerei
- 2 boabe de vanilie
- 1 praf de sare fină

CREMA DE patiserie (PENTRU 30 uncii / 850 G):
- 5 gălbenușuri de ou
- 1 cană (175 g) zahăr
- 2 cesti (500 ml) lapte integral
- ½ cană (125 ml) smântână groasă
- 7 linguri (55 g) amidon de porumb
- 1 boabe de vanilie

CREMA CHANTILLY:
- ½ cană (100 ml) smântână groasă
- 2 ½ linguri (10 g) de zahăr pudră

SIROP DE LICOUR:
- 0,6 cană (130 g) apă
- 0,3 cană (75 g) zahăr
- 0,3 cană (70 g) lichior Grand Marnier
- A decora:
- zahăr pudră (două gusturi)

INSTRUCȚIUNI:
PREGĂTIREA PRINCIPELOR:
a) Preîncălziți cuptorul la 325°F (160°C) în modul static. Ungeți și făinați două forme de tort cu diametrul de 8" (20 cm).

b) Într-un mixer, spargeți ouăle, adăugați semințele din boabele de vanilie și un praf de sare și adăugați încet zahărul. Se bate la viteza moderata aproximativ 15 minute pana cand ouale isi tripleaza volumul si devin fluide si cremoase.

c) Cerneți făina și amidonul de cartofi împreună. Îndoiți ușor pudra în amestecul de ouă cu mișcări în sus folosind o spatulă până la omogenizare.

d) Împărțiți aluatul în mod egal între cele două forme de tort. Coacem in cuptorul preincalzit pe raftul de jos aproximativ 50 de minute sau pana cand o scobitoare iese curata.

e) Lasati prajiturile sa se raceasca complet in tava inainte de a le scoate. Apoi transferați pe un grătar de răcire pentru a termina răcirea.

f) Prepararea cremei diplomatice:

g) Pentru crema de patiserie, se încălzește într-o tigaie laptele, smântâna groasă și boabele de vanilie (deschise) până aproape de fierbere.

h) Într-un castron separat, bateți gălbenușurile cu zahărul și semințele de vanilie. Cerneți amidonul de porumb în amestec și amestecați.

i) Îndepărtați boabele de vanilie din amestecul de lapte și turnați încet un polonic de lapte fierbinte în amestecul de gălbenușuri de ou, amestecând cu un tel pentru a se dizolva.

j) Se toarnă totul înapoi în tigaia cu laptele fierbinte și se fierbe la foc mic, amestecând continuu, până se îngroașă. Transferați crema de patiserie într-un vas rezistent la cuptor, acoperiți cu folie de plastic și lăsați-o să se răcească complet.

k) Într-un castron separat, batem smântâna proaspătă cu zahăr pudră până se bate bine. Adăugați o lingură de frișcă în crema de patiserie răcită și amestecați energic. Apoi adăugați ușor frișca rămasă. Acoperiți cu folie de plastic și dați la frigider aproximativ 30 de minute pentru a se întări.

PREPARAREA SIROPULUI :
l) Într-o cratiță, combinați apa, zahărul și lichiorul Grand Marnier. Se încălzește și se amestecă până când zahărul s-a topit. Lasă siropul să se răcească.

Asamblarea tortului:
m) Tăiați crusta exterioară de pe ambele prăjituri, lăsând doar partea mai ușoară pentru a reduce risipa.
n) Luați un pandișpan și tăiați-l în trei straturi uniforme.
o) Asezati primul strat pe o farfurie de servire si umeziti-l cu sirop.
p) Întindeți aproximativ $\frac{1}{4}$ din crema diplomatică răcită peste stratul umezit.
q) Repetați cu al doilea strat, sirop și smântână. Apoi adăugați ultimul strat și înmuiați-l cu siropul rămas.
r) Acoperiți blatul și părțile laterale ale tortului cu restul de smântână răcită.
s) Tăiați al doilea pandișpan în felii verticale și apoi în cuburi mici.
t) Puneți cuburile de pandișpan pe toată suprafața prăjiturii, inclusiv pe margini.
u) Pune prajitura la frigider cateva ore inainte de servire.
v) Pudrați prajitura clasică cu Prosecco cu zahăr pudră înainte de servire.

DEPOZITARE:

w) Tortul Prosecco asamblat poate fi păstrat la frigider până la 3-4 zile. Numai pandișpanul poate fi păstrat timp de 2 zile învelit în folie de plastic sau congelat până la 1 lună. Crema se poate păstra și 2-3 zile la frigider.

54. Cupcakes cu Prosecco

INGREDIENTE:
- 1 cutie amestec de tort cu vanilie
- 1 ¼ cană de Prosecco, împărțit
- ⅓ cană ulei vegetal
- 3 ouă mari
- 2 lingurite coaja de portocala, impartita
- 1 cană (2 bețișoare) unt, înmuiat
- 4 căni de zahăr pudră
- 1 lingurita extract pur de vanilie
- Un praf de sare cușer
- Zahăr de șlefuit cu aur
- Roți de portocală, pentru ornat

INSTRUCȚIUNI:
a) Preîncălziți cuptorul la 350 ° F și tapetați două tavi pentru cupcake cu căptușeală pentru cupcake.

b) Într-un castron mare, amestecați amestecul de tort cu vanilie cu 1 cană de Prosecco, ulei vegetal, ouă și 1 linguriță de coajă de portocală.

c) Coaceți cupcakes conform instrucțiunilor de pe ambalaj.

d) Lăsați cupcakes-urile să se răcească complet înainte de a îngheța.

e) Între timp, pregătiți glazura Prosecco: într-un castron mare, cu ajutorul unui mixer manual, bateți untul înmuiat până devine ușor și pufos.

f) Adăugați 3 căni de zahăr pudră și bateți până nu rămân cocoloașe.

g) Amestecați restul de ¼ de cană de Prosecco, extract pur de vanilie, lingurița rămasă de coajă de portocală și un praf de sare. Bateți până se combină bine.

h) Adăugați restul de 1 cană de zahăr pudră și bateți până când glazura devine ușoară și pufoasă.
i) Înghețați cupcakes-urile răcite cu o spatulă offset.
j) Ornați fiecare cupcake cu un strop de zahăr de șlefuit auriu și o bucată mică de portocală.

55. Tort cu prosecco cu portocale cu sânge

INGREDIENTE:
- 1 ½ cani (3 batoane) unt nesarat, la temperatura camerei
- 2 ¾ cani de zahar granulat
- 5 ouă mari, la temperatura camerei
- 3 cani de faina de tort cernuta
- ½ lingurita sare
- 1 cană Moscato sau Prosecco roz
- 3 linguri coaja de portocala
- 1 lingură extract pur de vanilie

SIROP SIMPLU:
- ½ cană de Moscato sau Prosecco roz
- ½ cană zahăr granulat
- ¼ cană suc proaspăt de portocale cu sânge

Glazura portocalie:
- 1 ½ cană de zahăr cofetar
- 3 linguri suc proaspăt de portocale cu sânge

INSTRUCȚIUNI:
a) Preîncălziți cuptorul la 315 grade F. Pulverizați o tavă Bundt de 10 cești cu spray antiaderent pentru copt.

b) În vasul unui mixer cu stand, combinați zahărul cu coaja de portocală. Frecați coaja în zahăr până se parfumează.

c) Adaugati untul si sarea in bol si crema impreuna cu zaharul. Bateți la foc mediu-mare timp de 7 minute până când untul devine galben pal și pufos.

d) Adăugați ouăle pe rând, combinând bine după fiecare adăugare și răzuind părțile laterale ale vasului după cum este necesar.

e) Reduceți viteza la mică și adăugați încet făina în două reprize, amestecând pană se omogenizează. Nu amestecați în exces.

f) Se toarnă Moscato și se amestecă până se omogenizează.

g) Turnați aluatul în tava pregătită și coaceți timp de 70-80 de minute, sau până când o scobitoare introdusă în centrul prăjiturii iese curată.

h) Lăsați prăjitura să se răcească în tavă timp de cel puțin 10 minute înainte de a o răsturna pe o farfurie de servire. Se răcește ușor la temperatura camerei.

Pentru sirop simplu:

i) Într-o oală mică, pusă la foc mediu, combinați toate ingredientele și gătiți la foc mediu-mare.

j) Reduceți amestecul cu aproximativ o treime până se îngroașă, aproximativ 5 minute.

k) Se ia de pe foc si se lasa sa se raceasca complet.

PENTRU GLAZURI:

l) Într-un castron mic, amestecați toate ingredientele până când sunt turnate.

m) Pentru a asambla tortul:

n) Faceți găuri peste tot prăjitura răcită cu o frigărui sau o furculiță.

o) Turnați siropul simplu peste tort, astfel încât să se absoarbă. Repetați dacă doriți.

p) La sfarsit, turnati glazura peste prajitura si lasati-o sa se aseze 10 minute.

q) Bucurați-vă de această delicioasă prăjitură cu prosecco cu portocale cu sânge, perfectă pentru sărbători sau orice ocazie specială!

56. Mousse Prosecco

INGREDIENTE:

- 1 cană smântână groasă
- ¼ cană zahăr pudră
- ¼ cană Prosecco
- ¼ cană suc proaspăt de portocale
- 1 lingura coaja de portocala
- Segmente de portocale proaspete pentru decor

INSTRUCȚIUNI:

a) Într-un bol de amestecare răcit, bateți smântâna grea până se formează vârfuri moi.

b) Adăugați treptat zahărul pudră, Prosecco și sucul proaspăt de portocale la frișcă în timp ce continuați să bateți.

c) Încorporați ușor coaja de portocală.

d) Transferați mousse-ul Prosecco în pahare sau boluri de servire.

e) Se da la frigider pentru cel putin 2 ore pentru a se intari.

f) Garniți fiecare porție cu fragmente de portocale proaspete înainte de servire.

57. Prosecco Cheesecake

INGREDIENTE:
PENTRU CRASTĂ:
- 1 ½ cană de firimituri de biscuiți Graham
- ¼ cană zahăr granulat
- ½ cană unt nesărat, topit

PENTRU Umplutura de cheesecake:
- 16 uncii cremă de brânză, înmuiată
- 1 cană zahăr granulat
- ¼ cană smântână
- ¼ cană Prosecco
- ¼ cană suc proaspăt de portocale
- 1 lingura coaja de portocala
- 3 ouă mari
- 1 lingurita extract de vanilie

INSTRUCȚIUNI:
a) Preîncălziți cuptorul la 325 ° F (160 ° C) și tapetați o tavă de copt de 9 x 9 inci cu hârtie de copt, lăsând o proeminență pe laterale.
b) Într-un castron mediu, combinați firimiturile de biscuiți Graham, zahărul granulat și untul topit.
c) Apăsați amestecul în fundul tăvii pregătite pentru a forma crusta.
d) Într-un castron mare, bateți crema de brânză moale și zahărul granulat până devine omogen și cremos.
e) Adaugati smantana, Prosecco, sucul proaspat de portocale si coaja de portocale, amestecand pana se omogenizeaza bine.
f) Bateți ouăle, pe rând, apoi adăugați extractul de vanilie și amestecați până se omogenizează.

g) Turnați umplutura de cheesecake peste crusta din tava de copt.

h) Coaceți în cuptorul preîncălzit timp de 40-45 de minute sau până când marginile sunt setate și centrul este ușor agitat.

i) Lăsați batoanele de cheesecake să se răcească complet în tavă, apoi dați la frigider cel puțin 4 ore înainte de a le tăia pătrate și a le servi.

58. Rulă de prăjitură cu Prosecco

INGREDIENTE:
PENTRU PÂRINTUL:
- 4 ouă mari, separate
- ¾ cană zahăr granulat, împărțit
- ¼ cană Prosecco
- ¼ cană suc proaspăt de portocale
- 1 lingura coaja de portocala
- 1 cană de făină de prăjitură
- 1 lingurita praf de copt
- Vârf de cuțit de sare

PENTRU Umplutura:
- 1 cană smântână groasă
- ¼ cană zahăr pudră
- ¼ cană Prosecco
- 1 lingurita extract de vanilie
- Segmente de portocale proaspete pentru decor
- Zahăr pudră pentru pudrat

INSTRUCȚIUNI:
PENTRU PÂRINTUL:

a) Preîncălziți cuptorul la 350 ° F (175 ° C) și ungeți o tavă cu jeleu de 10 x 15 inci. Tapetați tava cu hârtie de copt, lăsând o surplosă pe laterale.

b) Într-un castron mare, bateți gălbenușurile de ou cu ½ cană de zahăr granulat până devin ușor și pufos.

c) Se amestecă Prosecco, sucul proaspăt de portocale și coaja de portocale până se combină bine.

d) Într-un castron separat, amestecați făina de prăjitură, praful de copt și sarea.

e) Adăugați treptat ingredientele uscate la ingredientele umede, amestecând până când aluatul este omogen.

f) Într-un alt castron curat, bate albușurile spumă, apoi adaugă treptat restul de ¼ de cană de zahăr granulat continuând să bată.

g) Bate albusurile spuma pana se formeaza varfuri tari.

h) Albușurile bătute spumă în aluatul de tort până se încorporează complet.

i) Turnați aluatul în tava pentru rulouri de jeleu pregătită și întindeți-l uniform.

j) Coaceți în cuptorul preîncălzit timp de 12-15 minute sau până când prăjitura revine când este atins ușor.

k) În timp ce prăjitura este încă caldă, scoateți-l cu grijă din tavă cu ajutorul hârtiei de copt și transferați-l pe o suprafață curată.

l) Rulați strâns prajitura caldă, începând de la capătul scurt, folosind hârtie de pergament pentru a ajuta. Se lasa sa se raceasca complet in forma rulata.

PENTRU Umplutura:

m) Într-un bol de amestecare răcit, bateți smântâna grea până se formează vârfuri moi.

n) Adăugați treptat zahărul pudră, Prosecco și extractul de vanilie la frișcă în timp ce continuați să bateți.

o) Desfaceți ușor tortul răcit și întindeți uniform umplutura de cremă Prosecco pe suprafață.

p) Rulați tortul înapoi, de data aceasta fără hârtie de copt și transferați-l pe un platou de servire.

q) Se ornează cu segmente de portocale proaspete și se pudrează cu zahăr pudră.

r) Tăiați rulada de tort Prosecco în bucăți și serviți.

59. Popsicles cu Prosecco

INGREDIENTE:

- 1 cană suc proaspăt de portocale
- ½ cană Prosecco
- 2 linguri de miere (adaptați după gust)
- Felii sau segmente de portocale proaspete

INSTRUCȚIUNI:

a) Într-un castron, amestecați sucul proaspăt de portocale, Prosecco și mierea până se combină bine.
b) Așezați câteva felii sau segmente de portocale proaspete în forme pentru popsicle.
c) Turnați amestecul de Prosecco peste feliile de portocale din formele pentru popsicle.
d) Introduceți bețișoare de popsicle în fiecare matriță.
e) Congelați paletele pentru cel puțin 4 ore sau până când se întăresc complet.
f) Scoateți ușor paletele din forme și bucurați-vă de acest desert rece și răcoritor inspirat de Prosecco.

60. Prosecco Granita

INGREDIENTE:
- ½ cană de zahăr
- 1 ¼ cană de Prosecco
- 1 lingura suc de lamaie
- 1 cană suc de portocale proaspăt stors

INSTRUCȚIUNI:
a) Într-un castron mare, amestecați sucul de portocale și zahărul până când zahărul se dizolvă complet.
b) Adăugați Prosecco și sucul de lămâie, creând un amestec delicios de Prosecco.
c) Turnați amestecul în două tăvi pentru cuburi de gheață și puneți-le la congelator.
d) Lăsați amestecul să înghețe până când este ferm, ceea ce durează de obicei cel puțin 2 ore. Pentru o utilizare ulterioară, puteți transfera cuburile congelate în pungi de plastic cu fermoar și le puteți păstra la congelator timp de până la 1 săptămână.
e) Chiar înainte de servire, luați un singur strat de cuburi congelate și puneți-le în bolul unui robot de bucătărie prevăzut cu o lamă de oțel.
f) Pulsați amestecul în robotul de bucătărie de aproximativ 10 sau 12 ori, sau până când nu mai rămân bucăți mari de gheață, creând o textura frumoasă de granit.
g) Scoateți cristalele de Prosecco în boluri individuale, gata pentru a fi savurate și savurate.
h) Dacă aveți nevoie de mai multe porții, repetați procesul cu cuburile de gheață rămase.
i) Serviți imediat Prosecco Granita, savurându-i gustul revigorant și fructat.

j) Această graniță încântătoare este un răsfăț perfect pentru a vă răcori în zilele calde sau ca o modalitate încântătoare de a sărbători momentele speciale. Bucură-te!'

61. Piersici și fructe de pădure în Prosecco

INGREDIENTE:

- 2 kilograme de piersici, de preferință soiul aromat cu pulpă albă
- 2/3 cană zahăr granulat
- 1 1/2 cană de Prosecco sau alt vin alb tânăr, fructat, sec
- 1/2 litru de zmeură
- 1/2 litru de afine
- Zest de 1 lămâie

INSTRUCȚIUNI:

a) Începeți prin spălarea piersicilor, curățarea lor de coajă, îndepărtarea sâmburilor și tăierea lor în bucăți groase de aproximativ 1/4 inch. Puneți piersicile feliate într-un bol de servire.

b) Adăugați zahărul granulat și vinul alb (Prosecco sau un vin alb sec asemănător) în vasul cu piersici. Se amestecă bine pentru a se combina.

c) Spălați zmeura și afinele și adăugați-le ușor în vasul cu piersicile și amestecul de vin.

d) Răziți coaja subțire, galbenă, de la jumătate de lămâie, având grijă să nu includeți miezul alb amar. Adăugați coaja de lămâie în bol.

e) Amestecați ușor conținutul vasului, răsturnându-l de mai multe ori.

f) Pune amestecul de fructe la frigider pentru cel puțin 1 oră înainte de servire sau pregăti-l în avans, chiar și în dimineața zilei în care plănuiești să-l servești. Bucurați-vă!

62. Pere Poșate Prosecco

INGREDIENTE:

- 4 pere coapte
- 1 sticla de Prosecco
- 1 cană zahăr granulat
- 1 boabe de vanilie (despicata si razuita)

INSTRUCȚIUNI:

a) Curățați perele, lăsând tulpinile intacte.

b) Într-o cratiță mare, combinați Prosecco, zahărul și semințele de vanilie răzuite.

c) Adăugați perele în cratiță și aduceți amestecul la fiert ușor.

d) Puneți perele aproximativ 20-25 de minute sau până când sunt fragede, dar nu moale.

e) Scoateți perele și lăsați-le să se răcească. Continuați să fierbeți lichidul de braconat până se îngroașă într-un sirop.

f) Serviți perele cu un strop de sirop Prosecco.

63. Parfait de fructe de prosecco

INGREDIENTE:

- 1 cană amestec de fructe de pădure (căpșuni, afine, zmeură)
- 1 cană Prosecco
- 1 cană iaurt grecesc
- 2 linguri miere

INSTRUCȚIUNI:

a) Se amestecă fructele de pădure și Prosecco într-un castron, lăsându-le să se înmoaie timp de aproximativ 15 minute.

b) În pahare de servire, stratificați fructele de pădure înmuiate cu Prosecco cu iaurt grecesc.

c) Stropiți cu miere deasupra.

d) Repetați straturile, terminând cu un strop de miere.

64. Jeleuri de Prosecco și Zmeură

INGREDIENTE:

- 1 1/2 cană de Prosecco
- 1/2 cană apă
- 1/2 cană zahăr granulat
- 2 linguri gelatina de zmeura
- Zmeura proaspata pentru garnitura

INSTRUCȚIUNI:

a) Într-o cratiță, încălziți Prosecco, apa și zahărul până când zahărul se dizolvă.
b) Se ia de pe foc si se adauga gelatina de zmeura.
c) Turnați amestecul în pahare sau forme individuale de servire.
d) Răciți la frigider până se întărește (de obicei câteva ore sau peste noapte).
e) Se orneaza cu zmeura proaspata inainte de servire.

65. Prosecco și Lemon Posset

INGREDIENTE:

- 2 căni de Prosecco
- 1 cană smântână groasă
- 1 cană zahăr granulat
- Coaja și zeama a 2 lămâi

INSTRUCȚIUNI:

a) Într-o cratiță, combinați Prosecco, smântâna groasă și zahărul. Se încălzește, amestecând, până se dizolvă zahărul.

b) Adăugați zeama și coaja de lămâie, apoi fierbeți timp de 5 minute.

c) Se toarnă amestecul în pahare de servire și se dă la frigider câteva ore până se fixează.

d) Se ornează cu o răsucire de coajă de lămâie înainte de servire.

66. Tiramisu Prosecco

INGREDIENTE:

- 1 cană Prosecco
- 3 galbenusuri mari
- 1/2 cană zahăr granulat
- 1 cană brânză mascarpone
- 1 cană smântână groasă
- 1 lingurita extract de vanilie
- 1 pachet de ladyfingers
- Pudră de cacao pentru praf
- Espresso (opțional)

INSTRUCȚIUNI:

a) Într-un castron, amestecați gălbenușurile de ou și zahărul până când se îngroașă și palid.
b) Se amestecă brânza mascarpone până se omogenizează.
c) Într-un castron separat, bateți smântâna groasă și extractul de vanilie până se formează vârfuri tari.
d) Incorporati usor frisca in amestecul de mascarpone.
e) Înmuiați degetele în Prosecco (și espresso dacă doriți) și așezați-le într-un vas de servire.
f) Întindeți un strat din amestecul de mascarpone peste degete.
g) Repetați straturile de ladyfinger și mascarpone, terminând cu stratul de mascarpone deasupra.
h) Se da la frigider pentru cateva ore sau peste noapte.
i) Inainte de servire se pudra cu pudra de cacao.

CONDIMENTE

67. Prosecco și salsa de piersici

INGREDIENTE:

- 2 piersici coapte, taiate cubulete
- $\frac{1}{4}$ cana ceapa rosie, tocata marunt
- $\frac{1}{4}$ cană coriandru proaspăt, tocat
- Suc de 1 lime
- $\frac{1}{4}$ cană Prosecco
- Sare si piper dupa gust
- Chipsuri de tortilla pentru servire

INSTRUCȚIUNI:

a) Într-un castron, combinați piersicile tăiate cubulețe, ceapa roșie, coriandru, sucul de lămâie și Prosecco.
b) Se condimenteaza cu sare si piper dupa gust.
c) Se amestecă bine pentru a combina toate aromele.
d) Lăsați salsa să stea aproximativ 15 minute pentru a permite aromelor să se topească.
e) Serviți Prosecco și salsa de piersici cu chipsuri de tortilla pentru o gustare răcoritoare și fructată.

68. Jeleu de Prosecco

INGREDIENTE:

- 2 căni de Prosecco
- 1 cană zahăr
- 1 pachet (aproximativ 1,75 oz) de pectină de fructe pudră
- Suc de lamaie (optional, pentru aciditate)

INSTRUCȚIUNI:

a) Într-o cratiță mare, combinați Prosecco și zahărul.
b) Se amestecă la foc mediu până când zahărul s-a dizolvat.
c) Adăugați pectina de fructe sub formă de pudră și amestecați pentru a se încorpora.
d) Aduceți amestecul la fiert și gătiți timp de aproximativ 1 minut, amestecând continuu.
e) Scoateți cratita de pe foc și îndepărtați orice spumă care s-ar fi putut forma.
f) Dacă doriți, adăugați un strop de suc de lămâie pentru aciditate.
g) Turnați jeleul de Prosecco în borcane sterilizate și lăsați-l să se răcească la temperatura camerei.
h) Dați jeleul la frigider până se fixează.
i) Ungeți-l pe pâine prăjită, serviți-l cu brânză sau folosiți-l ca glazură pentru carne sau legume prăjite.

69. Muștar Prosecco

INGREDIENTE:

- $\frac{1}{4}$ cană de semințe de muștar galben
- $\frac{1}{4}$ cană semințe de muștar brun
- $\frac{1}{2}$ cană Prosecco
- $\frac{1}{4}$ cană oțet de vin alb
- 1 lingura miere
- $\frac{1}{2}$ lingurita sare

INSTRUCȚIUNI:

a) Într-un castron, combinați semințele de muștar galben și maro.
b) Într-un castron separat, amestecați Prosecco, oțetul de vin alb, mierea și sarea.
c) Se toarnă amestecul de Prosecco peste semințele de muștar și se amestecă.
d) Lăsați amestecul să stea la temperatura camerei timp de aproximativ 24 de ore, amestecând ocazional.
e) Transferați amestecul într-un blender sau robot de bucătărie și amestecați până când obțineți consistența dorită.
f) Păstrați muștarul Prosecco într-un recipient ermetic la frigider.
g) Folosiți-l ca condiment pentru sandvișuri, burgeri sau ca sos pentru covrigei și gustări.

70. Unt Prosecco

INGREDIENTE:

- ½ cană unt nesărat, înmuiat
- 2 linguri Prosecco
- 1 lingurita coaja de lamaie
- ½ lingurita sare

INSTRUCȚIUNI:

a) Într-un castron, combinați untul înmuiat, Prosecco, coaja de lămâie și sarea.
b) Se amestecă sau se bate până se omogenizează bine și se omogenizează.
c) Transferați untul Prosecco într-un recipient mic sau modelați-l într-un buștean folosind folie de plastic.
d) Se da la rece până se întărește.
e) Utilizați untul Prosecco pentru a acoperi fripturile la grătar, topiți peste legume prăjite sau întindeți pe pâine proaspătă.

71. Prosecco Lemon Curd

INGREDIENTE:
- Coaja a 3 lămâi
- 1 cană suc de lămâie proaspăt stors (aproximativ 4-5 lămâi)
- 1 cană zahăr granulat
- 4 ouă mari
- ½ cană unt nesarat, tăiat cubulețe
- ¼ cană Prosecco

INSTRUCȚIUNI:
a) Într-un castron rezistent la căldură, amestecați coaja de lămâie, sucul de lămâie, zahărul și ouăle până se combină bine.
b) Așezați vasul peste o cratiță cu apă clocotită, asigurându-vă că fundul vasului nu atinge apa. Acest lucru creează o configurație de cazan dublu.
c) Gatiti amestecul, amestecand continuu cu un tel sau cu o lingura de lemn, pana se ingroasa si imbraca spatele lingurii. Acest proces durează de obicei aproximativ 10-15 minute.
d) Odată ce amestecul s-a îngroșat, scoateți vasul de pe foc.
e) Adăugați untul tăiat cubulețe în caș și amestecați până când untul s-a topit și este complet încorporat.
f) Se amestecă Prosecco până se omogenizează bine.
g) Lăsați cașul să se răcească câteva minute, apoi transferați-l într-un borcan curat sau într-un recipient ermetic.
h) Acoperiți borcanul sau recipientul cu un capac sau folie de plastic, asigurându-vă că atinge direct suprafața cașului pentru a preveni formarea pielii.

i) Puneți la rece Prosecco Lemon Curd pentru cel puțin 2 ore, sau până când este răcit și se fixează.
j) Cașul poate fi păstrat la frigider până la 2 săptămâni.

72. Prosecco Aioli

INGREDIENTE:

- ½ cană maioneză
- 1 lingura Prosecco
- Coaja și zeama de la 1 lămâie
- 1 catel de usturoi, tocat
- Sare si piper dupa gust

INSTRUCȚIUNI:

a) Într-un castron mic, amestecați maioneza, Prosecco, coaja de lămâie, sucul de lămâie, usturoiul tocat, sare și piper.
b) Gustați și ajustați condimentele dacă este necesar.
c) Acoperiți vasul și dați aioli Prosecco la frigider pentru cel puțin 30 de minute pentru a permite aromelor să se topească.
d) Serviți aioli ca un sos delicios pentru cartofi prăjiți, întindeți-l pe sandvișuri sau folosiți-l ca topping cremos pentru burgeri sau legume la grătar.

73. Muștar cu miere Prosecco

INGREDIENTE:
- ¼ cană muștar de Dijon
- 2 linguri miere
- 2 linguri Prosecco
- Coaja și zeama de la 1 lămâie
- Sare si piper dupa gust

INSTRUCȚIUNI:
a) Într-un castron, amestecați muștarul de Dijon, mierea, Prosecco, coaja de lămâie, sucul de lămâie, sare și piper.
b) Gustați și ajustați condimentele dacă doriți.
c) Acoperiți vasul și lăsați muștarul cu miere Prosecco la frigider pentru cel puțin 30 de minute înainte de utilizare.
d) Folosiți muștarul cu miere ca un condiment aromat pentru sandvișuri și burgeri, sau ca sos de scufundare pentru pui sau covrigei.

74. Unt de ierburi Prosecco

INGREDIENTE:
- ½ cană unt nesărat, înmuiat
- 1 lingura Prosecco
- 1 lingura ierburi proaspete tocate (cum ar fi patrunjel, cimbru sau busuioc)
- Zest de 1 lămâie
- Sare si piper dupa gust

INSTRUCȚIUNI:
a) Într-un castron, combinați untul înmuiat, Prosecco, ierburile proaspete tocate, coaja de lămâie, sare și piper. Amesteca bine pentru a incorpora toate ingredientele.

b) Transferați untul aromat pe o folie de plastic și modelați-l într-un buștean sau înfășurați-l strâns în folie de plastic.

c) Pune untul Prosecco la frigider pentru cel puțin 1 oră pentru a-i permite să se întărească și aromele să se topească.

d) Tăiați untul în rondele sau folosiți-l ca un tartinat pentru pâine, chifle sau carne și legume la grătar. Untul infuzat cu ierburi adaugă mâncărurilor tale o notă delicioasă, acidulată și aromată.

75. Prosecco Salsa Verde

INGREDIENTE:
- 1 cană frunze de pătrunjel proaspăt, tocate
- ¼ cană frunze de busuioc proaspăt, tocate
- 2 linguri capere, scurse si tocate
- 2 catei de usturoi, tocati
- 2 linguri de salota tocata marunt
- 2 linguri Prosecco
- Coaja și zeama de la 1 lămâie
- ¼ cană ulei de măsline
- Sare si piper dupa gust

INSTRUCȚIUNI:
a) Într-un castron, combinați pătrunjelul tocat, busuiocul, caperele, usturoiul tocat, eșalota, Prosecco, coaja de lămâie, zeama de lămâie, uleiul de măsline, sare și piper.

b) Se amestecă bine pentru a amesteca toate ingredientele.

c) Gustați și ajustați condimentele dacă este necesar.

d) Lăsați salsa verde Prosecco să stea cel puțin 15-30 de minute pentru a permite aromelor să se topească.

e) Servește salsa verde ca un condiment gustos pentru peștele la grătar sau legumele prăjite sau folosește-o ca sos aromat pentru salate.

COCKTAILURI

76. Aperol Spritz

INGREDIENTE:

- 3 uncii de prosecco
- 2 uncii Aperol
- Sifon de club de 1 uncie
- Garnitura: felie de portocala

INSTRUCȚIUNI:

a) Într-un pahar de vin umplut cu gheață, amestecați prosecco, Aperol și sifon.

b) Adaugă o felie de portocală ca garnitură.

77. Mimoza cu prosecco si suc de portocale

INGREDIENTE:

- 1 sticla de Prosecco
- 2 căni de suc de portocale
- Felii de portocală pentru decor

INSTRUCȚIUNI:

a) Umpleți flutele de șampanie la jumătate cu Prosecco răcit.
b) Completați paharele cu suc de portocale.
c) Ornează fiecare pahar cu o felie de portocală.
d) Serviți imediat și bucurați-vă de mimoza Prosecco răcoritoare.

78. Hibiscus Spritz

INGREDIENTE:

- 2 uncii de prosecco sau de vin spumant
- 1 uncie sirop de hibiscus
- ½ uncie lichior de floare de soc
- Club sifon
- Felii de lămâie sau flori comestibile pentru decor
- Cuburi de gheata

INSTRUCȚIUNI:

a) Umpleți un pahar de vin cu cuburi de gheață.
b) Adăugați sirop de hibiscus și lichior de floare de soc în pahar.
c) Se amestecă ușor pentru a combina aromele.
d) Acoperiți paharul cu prosecco sau vin spumant.
e) Adaugă un strop de sifon pentru un finisaj spumant.
f) Se ornează cu felii de lămâie sau flori comestibile.
g) Amestecați ușor înainte de a sorbit.
h) Savurați spritz-ul efervescent și floral Hibiscus.

79. Catâri de șampanie

INGREDIENTE:
- 2 uncii ml vodcă
- 2 uncii suc proaspăt de lămâie
- 4 uncii de bere de ghimbir
- Prosecco rece, pentru topping
- felii de lime, pentru servire
- Mentă, pentru servire

INSTRUCȚIUNI:

a) Turnați vodcă și suc proaspăt de lămâie în două pahare, apoi acoperiți fiecare pahar cu bere de ghimbir.

b) Se toarnă prosecco peste apoi se ornează cu lime și mentă.

c) Se serveste rece.

80. Hugo

INGREDIENTE:

- 15 cl Prosecco, rece
- 2 cl sirop de soc, sau sirop de melisa
- câteva frunze de mentă
- 1 suc de lămâie proaspăt stors, sau suc de lămâie
- 3 cuburi de gheata
- împușcat apă minerală spumante sau apă sodă
- felii de lămâie, sau lime pentru decorarea paharului sau ca garnitură

INSTRUCȚIUNI:

a) Pune cuburile de gheață, siropul și frunzele de mentă într-un pahar de vin roșu.

b) Se toarnă în pahar suc de lămâie sau lămâie proaspăt stors. Pune o felie de lamaie sau lime in pahar si adauga Prosecco rece.

c) După câteva clipe, adăugați un strop de apă minerală spumante.

81. Prosecco Mojito

INGREDIENTE:

- 1 oz rom alb
- ½ oz suc proaspăt de lămâie
- ½ oz sirop simplu
- 6-8 frunze de mentă proaspătă
- Prosecco, răcit
- Bucuri de lime pentru ornat
- Crenguțe de menta pentru garnitura

INSTRUCȚIUNI:

a) Într-un shaker de cocktail, amestecați frunzele proaspete de mentă cu suc de lămâie și sirop simplu.
b) Adăugați romul alb și umpleți agitatorul cu gheață.
c) Se agită bine pentru a se combina.
d) Se strecoară amestecul într-un pahar umplut cu gheață.
e) Acoperiți cu Prosecco răcit.
f) Se ornează cu felii de lime și crenguțe de mentă.
g) Amestecați ușor și bucurați-vă de Prosecco Mojito răcoritor.

82. Sgroppino

INGREDIENTE:
- 4 uncii. vodcă
- 8 oz. Prosecco
- 1 lot de sorbet de lamaie
- Garnituri optionale
- coaja de lamaie
- felii de lămâie
- răsucire de lămâie
- frunze de mentă proaspătă
- frunze proaspete de busuioc

INSTRUCȚIUNI:
a) Într-un blender, combinați primele trei ingrediente.
b) Procesați până la omogenizare și omogenizare.
c) Serviți în fluturi de șampanie sau pahare de vin.

83. Prosecco Bellini

INGREDIENTE:

- 2 oz piure de piersici sau nectar de piersici
- Prosecco, răcit
- Felii de piersici pentru ornat

INSTRUCȚIUNI:

a) Turnați piureul de piersici sau nectarul de piersici într-un fluier de șampanie răcit.
b) Acoperiți cu Prosecco răcit, umplând paharul.
c) Se amestecă ușor pentru a se combina.
d) Se ornează cu o felie de piersică proaspătă.
e) Savurați și savurați clasicul și elegantul Prosecco Bellini.

84. Prosecco Margarita

INGREDIENTE:
- 1½ oz tequila argintie
- 1 oz suc proaspăt de lămâie
- 1 oz sirop simplu
- ½ oz lichior de portocale (cum ar fi triple sec)
- Prosecco, răcit
- Bucuri de lime pentru ornat
- Sare sau zahăr pentru bordurare (optional)

INSTRUCȚIUNI:
a) Dacă doriți, bordați paharul cu sare sau zahăr, scufundând marginea în suc de lămâie și apoi în sare sau zahăr.
b) Într-un shaker de cocktail, combinați tequila, sucul de lămâie, siropul simplu și lichiorul de portocale.
c) Umpleți agitatorul cu gheață și agitați energic.
d) Se strecoară amestecul într-un pahar umplut cu gheață.
e) Acoperiți cu Prosecco răcit.
f) Se ornează cu felii de lime.
g) Amestecați ușor și bucurați-vă de Margarita Prosecco spumante.

85. Prosecco Ginger Fizz

INGREDIENTE:
- 2 oz lichior de ghimbir
- ½ oz suc proaspăt de lămâie
- ½ oz sirop simplu
- Prosecco, răcit
- Ghimbir cristalizat pentru decor

INSTRUCȚIUNI:
a) Într-un shaker de cocktail, combinați lichiorul de ghimbir, sucul de lămâie și siropul simplu.
b) Umpleți agitatorul cu gheață și agitați bine.
c) Se strecoară amestecul într-un pahar umplut cu gheață.
d) Acoperiți cu Prosecco răcit.
e) Se ornează cu o bucată de ghimbir cristalizat.
f) Amestecați ușor și bucurați-vă de Prosecco Ginger Fizz spumos.

86. Prosecco francez 75

INGREDIENTE:

- 1 oz de gin
- ½ oz suc proaspăt de lămâie
- ½ oz sirop simplu
- Prosecco, răcit
- Răsucire de lămâie pentru decor

INSTRUCȚIUNI:

a) Într-un shaker de cocktail, combinați ginul, sucul de lămâie și siropul simplu.

b) Umpleți agitatorul cu gheață și agitați bine.

c) Strecurați amestecul într-un fluier de șampanie.

d) Acoperiți cu Prosecco răcit.

e) Se ornează cu o răsucire de lămâie.

f) Sorbiți și bucurați-vă de clasicul și efervescent Prosecco French 75.

87. Punch cu rodie Prosecco

INGREDIENTE:

- 2 căni de suc de rodie
- 1 cană suc de portocale
- ½ cană suc de afine
- ¼ cană suc proaspăt de lămâie
- 2 linguri sirop de agave sau miere
- Prosecco, răcit
- Seminte de rodie si felii de lime pentru garnitura

INSTRUCȚIUNI:

a) Într-un ulcior, combinați sucul de rodie, sucul de portocale, sucul de afine, sucul de lămâie și siropul de agave sau mierea.

b) Se amestecă până se combină bine și îndulcitorul s-a dizolvat.

c) Adăugați Prosecco răcit în ulcior și amestecați ușor.

d) Umpleți pahare cu gheață și turnați punch-ul de rodie Prosecco peste gheață.

e) Se ornează cu semințe de rodie și felii de lime.

f) Sorbiți și bucurați-vă de punch-ul fructat și efervescent cu rodie Prosecco.

88. Cocktail Prosecco cu rubin și rozmarin

INGREDIENTE:
- 1 crenguță de rozmarin proaspăt
- 1 uncie suc de grepfrut rubin
- ½ uncie sirop simplu de rozmarin (rețetă de mai jos)
- Prosecco rece sau orice vin alb spumant
- Felii de grepfrut rubin sau crengute de rozmarin pentru ornat

PENTRU SIROPUL SIMPLU DE ROZMARIN:
- ½ cană apă
- ½ cană zahăr granulat
- 2 crengute de rozmarin proaspat

INSTRUCȚIUNI:

a) Pregătiți siropul simplu de rozmarin combinând apă, zahăr și crenguțe de rozmarin într-o cratiță mică. Aduceți amestecul la fiert la foc mediu, amestecând din când în când până când zahărul s-a dizolvat complet.

b) Se ia cratita de pe foc si se lasa rozmarinul sa se infuzeze in sirop aproximativ 10 minute. Apoi, strecurați crengutele de rozmarin și lăsați siropul simplu să se răcească.

c) Într-un shaker de cocktail, amestecați ușor crenguța de rozmarin proaspăt pentru a-și elibera aroma.

d) Adăugați sucul de grepfrut rubin și siropul simplu de rozmarin în shaker. Umpleți agitatorul cu gheață.

e) Agitați puternic amestecul timp de aproximativ 15-20 de secunde pentru a răci ingredientele.

f) Strecoară cocktailul într-un pahar sau un flaut răcit.

g) Completați cocktailul cu Prosecco răcit, permițându-i să se amestece ușor cu celelalte ingrediente.

h) Ornează băutura cu o felie de grepfrut rubin sau o crenguță de rozmarin proaspăt.
i) Serviți imediat cocktailul Prosecco cu rubin și rozmarin și bucurați-vă!

89. Cocktail de flori de soc Prosecco

INGREDIENTE:

- 1 oz lichior de flori de soc (cum ar fi St-Germain)
- ½ oz suc proaspăt de lămâie
- Prosecco, răcit
- Flori comestibile pentru decor (opțional)

INSTRUCȚIUNI:

a) Umpleți un pahar de vin cu cuburi de gheață.
b) Adăugați lichiorul de floare de soc și sucul proaspăt de lămâie.
c) Acoperiți cu Prosecco răcit.
d) Se amestecă ușor pentru a se combina.
e) Decorați cu flori comestibile, dacă doriți.
f) Sorbiți și bucurați-vă de cocktailul floral și efervescent cu flori de soc Prosecco.

90. Cocktail de grapefruit roz

INGREDIENTE:

- 1 cană suc de grapefruit roz proaspăt stors
- $\frac{1}{8}$ cană lichior de zmeură
- 2 sticle de Prosecco dulce
- 2 grapefruit roz, feliate pentru decor
- Menta proaspata pentru decor
- Cuburi de gheata

INSTRUCȚIUNI:

a) Într-un ulcior, combinați sucul de grapefruit roz proaspăt stors, lichiorul de zmeură și Prosecco dulce.

b) Adăugați o tavă cu cuburi de gheață pentru a menține Prosecco la rece.

c) Amestecați bine amestecul pentru a se amesteca aromele.

d) Adaugă felii de 1 grapefruit roz și o mână de mentă proaspătă pentru a spori aroma și prezentarea.

e) Pentru a servi, turnați Prosecco în pahare cu o felie de grapefruit roz de-a lungul marginii și garniți cu mentă proaspătă.

f) Ridicați un pahar, prăjiți pentru un brunch delicios și bucurați-vă!

91. Float de sorbet cu ananas Prosecco

INGREDIENTE:
SORBET DE ANANAS:
- 2 uncii de suc de ananas
- 4 uncii sirop de agave
- 16 uncii de ananas congelat

PROSECCO + SORBET DE ANANAS:
- Sorbet de ananas (din reteta de mai sus)
- Prosecco

INSTRUCȚIUNI:
SORBET DE ANANAS:
a) Într-un blender, combinați sucul de ananas și agave.
b) Adăugați aproximativ un sfert din ananasul congelat și pulsați până se omogenizează.
c) Adăugați încet ananasul congelat rămas, pulsand cu fiecare adăugare. Scopul este de a menține o consistență asemănătoare unui smoothie congelat.
d) Transferați amestecul într-un recipient și puneți-l la congelator pentru a se întări peste noapte.

SORBET DE ANANAS PROSECCO:
e) În fundul unui pahar, puneți o lingură din sorbet de ananas preparat.
f) Deschideți o sticlă de Prosecco și turnați-o peste sorbetul din pahar.
g) Dacă doriți, ornați flotul cu felii de ananas, frunze de mentă sau flori comestibile.

92. Limonadă de zmeură Cocktail

INGREDIENTE:

- 3 uncii de Prosecco
- 3 uncii limonadă de zmeură
- Stropi de zahăr roz sau roșu
- 2-3 zmeura proaspata

INSTRUCȚIUNI:

a) Pentru marginea paharelor: Turnați o cantitate mică de limonada de zmeură pe o farfurie sau un bol puțin adânc. Faceți același lucru cu stropii de zahăr roz sau roșu pe o farfurie separată.

b) Înmuiați marginea unui flaut Prosecco în limonada de zmeură, asigurându-vă că acoperiți întreaga buză.

c) Apoi, scufundați marginea acoperită a paharului în zahăr colorat pentru a crea o margine decorativă de zahăr.

d) Turnați limonada de zmeură și Prosecco în paharul pregătit și amestecați ușor pentru a amesteca aromele.

e) Puneți 2-3 zmeură proaspătă în cocktail pentru o explozie suplimentară de bunătate fructată.

f) Servește-ți Proseccos cu limonadă de zmeură și bucură-te de acest cocktail încântător și răcoritor în timpul brunchului tău cu fetele.

93. Sorbet de portocale Cocktail

INGREDIENTE:

- 2 căni de suc proaspăt de portocale
- ½ cană apă
- ¾ cană miere sau nectar de agave, ajustate după gust
- Prosecco

INSTRUCȚIUNI:

a) Într-un castron, amestecați sucul proaspăt de portocale, apa și mierea (sau nectarul de agave) până se omogenizează bine.

b) Turnați amestecul într-un aparat de înghețată și congelați conform instrucțiunilor producătorului. Alternativ, puteți turna amestecul într-un vas și îl puteți congela în congelator până când ajunge la o consistență de sorbet.

c) Odată ce sorbetul de portocale este gata, puneți-l în pahare cu Prosecco.

d) Acoperiți sorbetul cu Prosecco.

94. Elderflower Blood Orange Cocktail

INGREDIENTE:

- Sticla de Prosecco de 750 ml
- 8 lingurițe de tequila argintie
- 8 lingurițe de lichior de flori de soc
- ⅓ cană suc de portocale sanguine proaspăt stors
- 1 portocală sanguină, feliată subțire pentru decor (opțional)

INSTRUCȚIUNI:

a) Dacă doriți, puneți o felie subțire de portocală sanguină în fiecare dintre cele patru flute Prosecco pentru o garnitură elegantă.

b) Turnați 2 lingurițe de tequila de argint în fiecare fluier Prosecco, împărțindu-l uniform între ele.

c) Apoi, adăugați 2 lingurițe de lichior de flori de soc în fiecare flaut.

d) În mod egal, împărțiți sucul de portocale sanguine proaspăt stors între cele patru fluturi Prosecco. Fiecare flaut ar trebui să primească puțin sub 4 lingurițe de suc.

e) Turnați cu grijă Prosecco în fiecare fluier, lăsând bulele să se așeze între turnări. Umpleți fiecare pahar până la margine cu Prosecco.

f) Servește imediat Prosecco de portocală cu flori de soc și bucură-te de frumoasa combinație de arome și efervescență.

95. Prosecco și suc de portocale Cocktail

INGREDIENTE:

- 1 sticla de Prosecco
- 2 căni de suc de portocale
- Felii de portocală pentru decor

INSTRUCȚIUNI:

e) Umpleți fluturile Prosecco pe jumătate cu Prosecco răcit.
f) Completați paharele cu suc de portocale.
g) Ornează fiecare pahar cu o felie de portocală.
h) Serviți imediat și bucurați-vă de Prosecco Prosecco răcoritor.

96. Fructul pasiunii Cocktail

INGREDIENTE:

- 1 cană Chilled Prosecco
- ½ cană nectar sau suc de fructul pasiunii răcit

INSTRUCȚIUNI:

a) Împărțiți uniform Prosecco răcit între două pahare.
b) Completați fiecare băutură cu nectar sau sucul răcit de fructul pasiunii. Puteți adăuga 3 până la 4 linguri de nectar sau suc în fiecare pahar.
c) Amestecați ușor amestecul pentru a combina aromele.
d) Serviți imediat Passion Fruit Prosecco, bucurându-vă de gustul dulce și tropical al fructului pasiunii combinat cu Prosecco spumant.
e) Acest cocktail exotic și răcoritor este perfect pentru un brunch special, o sărbătoare sau pur și simplu pentru a vă răsfăța cu o băutură delicioasă.
f) Savurați gustul unic și încântător al acestor Proseccos cu fructe ale pasiunii! Noroc!

97. Piersici Cocktail Prosecco

INGREDIENTE:

- 2 căni de nectar de piersici, răcit
- 1 ⅓ cani suc de portocale, racit
- ⅔ cană sirop de grenadine
- 1 sticla de Prosecco brut, refrigerat

INSTRUCȚIUNI:

a) Într-un ulcior mare, combinați nectarul de piersici răcit și sucul de portocale. Amestecați bine pentru a vă asigura că aromele sunt amestecate.

b) Luați 10 pahare de Prosecco și puneți 1 lingură de sirop de grenadină în fiecare pahar.

c) Turnați aproximativ ⅓ cană din amestecul de suc de portocale în fiecare pahar de Prosecco peste siropul de grenadine.

d) La final, acoperiți fiecare pahar cu Prosecco răcit, umplându-l până la refuz.

e) Serviți imediat Prosecco de piersici pentru a vă bucura de bunătatea gazoasă și fructată.

f) Aceste Proseccos delicioase sunt perfecte pentru ocazii de sărbătoare, adunări de brunch sau oricând doriți să adăugați o notă de dulceață de piersici zilei dumneavoastră.

g) Noroc pentru deliciul Proseccos de piersici! Savurați în mod responsabil și savurați amestecul încântător de arome.

98. Ananas Cocktail Prosecco

INGREDIENTE:
- O sticlă de Prosecco de 750 de mililitri
- 2 căni de suc de ananas
- $\frac{1}{2}$ cană suc de portocale
- Felii de portocala, pentru servire
- Felii de ananas, pentru servire

INSTRUCȚIUNI:
a) Combinați Prosecco, sucul de ananas și sucul de portocale.
b) Se amestecă până se combină bine.
c) Umpleți paharele cu Prosecco și adăugați felii de fructe pe margini înainte de servire.

99. Sangria cu Prosecco

INGREDIENTE:

- 3 căni de suc de fructe
- 3 căni de fructe proaspete (tăiate felii sau cubulețe, dacă este necesar)
- ½ cană de lichior de fructe (cum ar fi Cointreau, Grand Marnier sau Chambord)
- 1 sticla de Prosecco uscat, racit

INSTRUCȚIUNI:

a) Combinați sucul, fructele și lichiorul într-un borcan mare (sau ulcior, dacă se servește dintr-unul) și lăsați aromele să se amestece timp de cel puțin 1 oră.

b) Dacă aveți spațiu în frigider, păstrați amestecul la rece până când este gata de utilizare.

c) Adăugați Prosecco în borcan (sau ulcior) și serviți imediat.

d) Alternativ, puteți umple pahare individuale cu amestecul de suc la aproximativ o treime și acoperiți cu Prosecco.

100. Căpșună Cocktail Prosecco

INGREDIENTE:
- 2 uncii suc de portocale
- 2 uncii de căpșuni
- ½ uncie sirop de căpșuni
- 4 uncii de Prosecco

INSTRUCȚIUNI:

a) Amestecați sucul de portocale, căpșunile și siropul de căpșuni într-un blender până la omogenizare.
b) Se toarnă într-un pahar de cocktail.
c) Acoperiți cu Prosecco.
d) Se ornează cu o căpșună și o felie de portocală.

CONCLUZIE

Pe măsură ce ajungem la sfârșitul „BALE ȘI MUCĂTURI: CARTEA ULTIMEI DE CATEGORIE PROSECCO", sperăm că v-ați bucurat de această călătorie în lumea deliciilor infuzate cu Prosecco. Am explorat o gamă largă de rețete, de la micul dejun la gustări și feluri principale, toate prezentând strălucirea și eleganța Prosecco. A fost o aventură a aromelor și a creativității, descoperirea modului în care Prosecco poate îmbunătăți atât preparatele dulci, cât și sărate și poate adăuga o notă de rafinament repertoriului tău culinar.

Sperăm că această carte de bucate te-a inspirat să experimentezi cu Prosecco în bucătărie, permițându-ți să creezi mese și experiențe memorabile pentru tine și cei dragi. Amintiți-vă, Prosecco nu este doar o băutură pentru prăjire pentru ocazii speciale - este un ingredient versatil care vă poate îmbunătăți gătitul de zi cu zi și poate aduce o notă de sărbătoare fiecărei mese.

De la cocktailuri de brunch delicioase la asocieri rafinate la cină, Prosecco și-a dovedit capacitatea de a îmbunătăți și de a ridica o mare varietate de feluri de mâncare. Așadar, continuă să explorezi posibilitățile culinare ale Prosecco, infuzând rețetele tale cu aromele sale vibrante și efervescența. Împărtășiți-vă creațiile cu prietenii și familia și savurați bucuria care vine odată cu descoperirea de arome noi și delicioase.

Sperăm că „BALE ȘI MUCĂTURI: CARTEA ULTIMEI DE CATEGORIE PROSECCO" v-a stârnit creativitatea și v-a lăsat cu o nouă apreciere pentru magia Prosecco în bucătărie. Noroc pentru aventurile culinare și lumea încântătoare a deliciilor infuzate cu Prosecco!

www.ingramcontent.com/pod-product-compliance
Lightning Source LLC
Chambersburg PA
CBHW071315110526
44591CB00010B/895